珍藏本
纪念版

汉译世界学术名著丛书

经济史上的结构和变革

〔美〕道格拉斯·C.诺思 著

厉以平 译

商务印书馆
SINCE 1897 The Commercial Press

2017年·北京

Douglass Cecil North

STRUCTURE AND CHANGE IN ECONOMIC HISTORY

本书根据诺顿公司 1981 年版译出

汉译世界学术名著丛书
（120 年纪念版·珍藏本）
出 版 说 明

2017 年 2 月 11 日，商务印书馆迎来 120 岁的生日。120 年前，商务印书馆前贤怀揣文化救国的理想，抱持“昌明教育，开启民智”的使命，立足本土，放眼寰宇，以出版为津梁，沟通中西，为中国、为世界提供最富智慧的思想文化成果。无论世事白云苍狗，潮流左右激荡，甚至战火硝烟弥漫，始终践行学术报国之志，无改初心。

迻译世界各国学术名著，即其一端。早在 20 世纪初年便出版《原富》《天演论》等影响至今的代表性著作，1950 年代后更致力于外国哲学和社会科学经典的译介，及至 1980 年代，辑为“汉译世界学术名著丛书”，汇涓为流，蔚为大观。丛书自 1981 年开始出版，历时三十余年，迄今已推出七百种，是我国现代出版史上规模最大、最为重要的学术翻译工程。

丛书所选之书，立场观点不囿于一派，学科领域不限于一门，皆为文明开启以来，各时代、各国家、各民族的思想与文化精粹，代表着人类已经到达过的精神境界。丛书系统译介世界学术经典，引领时代思想，为本土原创学术的发展提供丰富的文化滋养，为推动中国现代学术和现代化进程做出了突出的贡献。

为纪念商务印书馆成立120周年，我们整体推出“汉译世界学术名著丛书”120年纪念版的珍藏本，寄望既利于文化积累，又便于研读查考，同时向长期支持丛书出版的译者、编者和读者致以敬意。

两甲子后的今天，商务印书馆又站在了一个新的历史时间节点上。我们不仅要铭记先辈的身影和足迹，更须让我们的步伐充满新的时代精神。这是商务人代代相传的事业，更是与国家和民族的命运始终紧密相连的事业。我们责无旁贷，必须做好我们这代人的传承与创造，让我们的努力和成果不仅凝聚成民族文化的记忆，还能成为后来人可以接续的事业。唯此，才能不负前贤，无愧来者。

商务印书馆编辑部

2017年10月

译 者 序 言

《经济史上的结构和变革》于 1981 年出版，是美国著名经济学家和经济史学家道格拉斯·C. 诺思近年来最重要的一部著作。诺思曾任美国经济史学会会长、西方经济学会会长、华盛顿大学经济系主任，现任该校政治经济研究中心主任。

诺思在学术上的贡献和影响主要有三方面：

（一）他为 1790－1860 年美国经济发展设计出一种可称作"一国三方"的经济模式。他在 1961 年发表的《1790—1860 年美国经济增长》一书中第一次提出了这个观点。诺思认为，在 1815 年刚刚起步的美国经济不是一个整体，而是由三部分独立的经济组成，即"北部"，从新英格兰和大西洋中部各州沿岸到宾夕法尼亚和北达拉华；"南部"，包括使用黑奴的各州；横贯阿巴拉契亚山脉的"西部"。19 世纪初，交通运输业的发展才逐渐将这三部分连成一片，但各地仍保留各自的相对经济优势。北部为南部和西部提供服装、鞋靴和工业制品；南部为北部提供棉花原料；西部为北部和南部提供粮食和农产品，为北部提供皮革。美国经济模式如同一个三足鼎，每个地区都依赖另外两个地区，三部分共同支撑着美国的经济。诺思运用现代经济学的资源禀赋理论、比较利益理论，被认为第一次圆满地解释了美国经济的增长，并且为从经济上解释日益加剧以至最终引发内战的地区矛盾提供了一个理论框架。目前这个观点已成为大多数教科书所采用的标准体系。

(二)诺思是60年代支持创立美国新经济史学的主要人物。他于1966年出版的《美国历史上的发展和福利:新经济史》使他成为美国经济史新的研究方法的主要实践者。据另一位著名的新经济史学家休斯所说,“新经济史”一词就是诺思首创的。诺思和其他提倡这种研究方法的学者反对为叙述历史而叙述,建议经济史学家应用当代经济理论的观点和方法提出假设,验证和利用档案资料。他们主张任何假设都应当通过收集有关数量资料并用统计学和计量经济学方法所进行的分析来严格检验。诺思在阐明和传播新经济史的研究方法中起了主要作用。1960—1968年间他是这门新学科的领袖,1960—1966年他参与主编了《经济史杂志》,使这本最有声望的经济史刊物为自觉应用新古典主义经济理论或计量经济学方法的文章敞开了方便之门。在这个时期,诺思发表的论文有《美国经济史的定量研究》(1963年)、《经济史现状》(1965年)和《经济史》(1968年)。他于1966年出版的《美国历史上的发展和福利:新经济史》向人们显示了新经济史的威力。在这本论文集中,诺思应用经济理论和表格式的数量资料向当时流行的观点提出挑战,他证明可以利用最基本的经济理论对一些历史解释提出质疑。由于该书是第一本、在许多年内也是唯一的一本适用于大学本科的新经济史教材,因此,在一个时期该书一直拥有许多读者。至于他在该书中提出的一系列创见则在美国学术界引起了浓厚的兴趣和热烈的争论,从而扩大了新经济史的影响。在这种情况下,社会上对按照新方法培养出来的经济史学家的需求剧增，于是诺思所执教的华盛顿大学和格申克龙所执教的哈佛大学等机构成为新经济史学者的培训中心。在不长的时间里，一大批第二代新经济史学家脱颖而出，在全国大学经济系里担任了职务，并在这一学科里占据了支配地位。

（三）诺思及其合作者设计出一个有关制度创新和制度变革的经济模式，从产权制度、法律制度以及其他组织结构的变革与创新来解释长期经济增长的原因和人类社会的历史进程。

诺思在学术上的开拓进取是孜孜不倦的。他并不满意新经济史学依附于新古典经济理论的状况。1973 年，诺思在就任经济史学会会长时所作的题为“超越新经济史”的演说中指出，新古典主义经济理论对于经济史学家来说有两大缺陷，一是它的目的不在于解释长期的经济变化，另一是即使它试图解释这个问题，它提供的答案也有相当大的局限性。

为了弥补新古典主义经济理论的不足，诺思及其合作者努力创建适合于研究课题和特定时期具体情况的模式。1971 年，他与戴维斯合作出版了《制度变革与美国经济增长》，1973 年，他与罗伯特·托马斯合作出版了《西方世界的兴起：新经济史》，1981 年诺思又单独出版了《经济史上的结构和变革》。如果说前两部著作还属于个案分析，在理论上还没有系统的建树，实际考察也仅限于美国二百年的经济增长及西欧封建主义的兴衰和英、法、荷兰、西班牙四国的不同历程，那么，诺思在 80 年代出版的《经济史上的结构和变革》则相当完整地提出了一套经济史理论，并且用这套理论考察和解释了自史前人类的经济生活至现代经济增长的漫长历史。诺思从现代经济学的理性选择假定出发，运用交易成本、公共产品、相对价格等分析工具，构建了包括产权理论、国家理论和意识形态理论在内的新经济史学理论体系。诺思在本书中集中表述了这样一个中心思想：由于人类受其自身生产能力和生存环境的约束，只有通过交换即交易这一基本活动获得经济效益和安全保障，而产权是交易的基本先决条件，产权结构的效率引起经济增长、停滞或经济衰退。国家则规定着产权的结构并最终对产权结构的效率负责。此外，由于约束行为的衡量费用很高，如果没有思想信念约束个人最大限度追逐利益，会使经济组织的活力受到威胁。因此，意识形态的作用是不可替代的，它是一种节省时间精力的工具，有助于实现决策过程简化并使社会稳定和经济制度富有黏合力。诺思从制度创新和制度变革来解释长期经济增长和人类社会的演进，显然是富有启示意义的。早在70年代，当《西方世界的兴起》等著作出版后，在新经济史学研究领域便不断有追随者竞相仿效，运用类似的方法研究制度变革与经济增长过程，提出种种重新解释西方各国历史的观点。《经济史上的结构和变革》一书将新经济史学更加理论化和体系化，考察的时空跨度也更大。因此，在西方经济学界和经济史学界赢得了更广泛的推崇和赞誉。我们将本书介绍给中国学术界，相信随着中国改革开放事业的进展，广大读者会对此书的价值作出应有的评价。

目　录

第三编　理论和历史

序　　言

本书旨在为分析经济史提供一个新的框架。其所以需要新的框架，是因为经济史学家们所运用的分析工具，已不能解决经济史上那些主要的问题：即如何说明作为经济系统成就的基础的制度结构和获得这一成就的原因，以及如何说明此种结构的变革。制度变革理论的发展，是对社会科学家的一项重大挑战。本书为这种理论提供了某些——当然不是全部——要素。

自亚当·斯密以来，经济学家都把他们的模型建立在收益来自贸易的坚实基石之上。专业化和分工是《国富论》的关键。不过，经济学家在构建他们的模型时，对于这种专业化和分工所需要的成本一直忽略不计。这些交易成本支撑着决定政治—经济体制结构的那些制度。因而，本书的理论框架便与其他社会科学有一部分相重叠，并把政治组织和意识形态看作是解释制度变革的基本成分。相应地，本书的目的在于，使读者更为广泛而不仅限于经济史学家。心存此念，我力图尽量不用技术性的经济学语言。虽然在第一章我用正式的经济学术语提出了问题，但在本书的其他各章节，我都尽量使论点能够为非经济学者一目了然。

第一编的理论，提出把大部分经济史重新铸成新的模型；第二编，对西方经济史从农业起源到 20 世纪这一万年作了适当处理。

对经济史之所以要进行如此广泛的考察，理由在于，解释经济史上的进展，需要有一种概念基础。我们对过去的理解并不比我们所用的理论更好，不幸得很，理论一直是有缺陷的。本书中的理论和据此而写成的历史论文，为系统考察和验证新假设提供一个基础，这些新假设将引起对新证据的研究，而后对假设进行修改或反驳。

为了对知识有所贡献，理论就其潜意义应当是可驳的：既可直接根据研究所含的假定进行检验，也可间接根据逻辑引出的假定（从论据得出）加以检验。在不可能对经济史的解释作出最后验证的情况下，可以料想，不同部门所坚持利用的解释也是对立的，因而现今的政策法令才彼此冲突。不过，我提出一个现实的、而不是令人沮丧的忠告：如果我们相信对历史可以作出唯一科学的解释，那么我们不过是在欺骗自己；但如果我们不试图去达到那个目标，那么便是低估了经济史这门学科。持续研究可验证的假定和不断累积证据，可以使对立的解释数目减少。我们不可能在一切争论问题上都达成一致，但我们希望，在这些或那些问题上，我们能将可供选择的解释加以缩减。

本书是对与兰斯·戴维斯合作在《制度变革和美国经济成长》（1971 年）和与罗伯特·托马斯合作在《西方世界的兴起：新经济史》（1973 年）里开始的关于制度变革的研究的继续。我非常感谢在以前的研究中与我合作的这两位作者。此外，对于给予我目前这项研究以很大帮助的许多经济学家、经济史学家、历史学家以及其他学科的社会科学家，也甚为感谢。我对四位背景不同的读者，抱有特殊的感激之情。是他们从不同的角度对整部手稿给予了详细的评论。他们是乔治·本特森、斯坦利·恩格尔曼、玛格丽特·

利瓦伊和曼库尔·奥尔森。此外，我对交易成本和经济组织的理解，很大程度上应归功于我的同事张五常。

华盛顿大学的其他同事中，对我的部分研究提供了有益批评的有：约拉姆·巴泽尔、阿瑟·费里尔、迈克尔·赫克特尔、保罗·海涅、罗伯特·希格斯、莱维斯·科钦、卡罗尔·托马斯和迪安·沃斯特。

这部手稿的各部分曾在一些大学和几次会议上试用过，一些章节曾征求过这些大学的同事的批评意见。给我提供了特别有益的批评的有：摩西·阿布拉莫维茨、阿曼·阿尔切安、雷·巴塔利奥、理查德·比恩、卡尔·达尔曼、维克多·戈德堡、乔纳森·休斯、查尔斯·普洛特、加斯顿·里姆林格尔、汤姆·萨文、西奥多·舒尔茨、弗农·史密斯、戈登·塔洛克、伯顿·韦斯布罗德和奥利弗·威廉森。此外，我还要感谢在那些讨论会上帮助改进这项研究的许多同仁。

伊丽莎白·凯斯编辑了全部手稿。在这一过程中，她促使我去澄清我自己在每一页上的思想。

密歇根州，贝城

1980 年 8 月

第一编

理　　论

第一章　问题

我把经济史的任务理解成解释经济在整个时期的结构和绩效。所谓“绩效”，我指的是经济学家所关心的、有代表性的事物，如生产多少、成本和收益的分配或生产的稳定性。在解释绩效时，最初强调的是总产量、人均产量和社会收入分配。所谓“结构”，我指的是被我们认为是基本上决定绩效的一个社会的那些特点。这里，我把一个社会的政治和经济的制度、技术、人口统计学和意识形态都包括在内。“整个时期”表示经济史应能解释结构和绩效的短暂变化。最后，“解释”是指明晰的推理和潜在的可驳性。

这项研究致力于经济史的两个主要的然而却被忽视的任务：一是将经济的结构理论化，另一是既说明这些结构的稳定性，又说明它们的变化。我将运用一个简单的新古典模型集中去考察绩效的总产量和人均产量方面。不过，为了解释收入分配和一个经济的结构，我们还必须把理论延伸到传统的新古典领域以外。

我们先来描述一下新古典派用以分析经济绩效的方法所具有的基本特征。这一方法假定面临普遍匮乏，个人作出的选择反映了一组欲望、需要或偏好。这些选择是根据放弃的机会做出的。因而多工作一小时的机会成本（和所得到的增加的收入）等于放弃的闲暇。这一效用，即福利最大化，要求假定个人对收入、闲暇等有一组固定的偏好，因而边际选择（即当个人决定多工作一小时时所作的选择）是指在得到（更多收入）还是应当放弃（闲暇）之间所作的权衡。[①] 这一行为假定在各种经济制度（无论资本主义还是社会主义）都起作用。

既然最大化假定宣称个人宁可选择较多的而不是较少的商品（和劳务），既然提高生产潜力（要牺牲为现期消费而进行的生产）可以生产较多的商品，因而整个社会，人人都将为增加资本存量贡献他们的部分成果——因为资本存量的大小决立着构成一种系统产生的商品和劳务的流量。资本存量的规模由人力资本（劳动）、实物资本（机器、工厂、农业改良等）和自然资源的数量构成。这些又取决于可以利用的技术（即人对自然的支配），换言之，可用的技术决定着劳动体现的技艺（人力资本）、实物资本的质量和自然资源的构成。技术变革被认为是内生的，并被看作是社会成员投资于发明和创新的结果。不过，“发明的潜力”又取决于知识的存量（对自然环境的认识）。

因而，决定产量的资本存量是实物资本、人力资本、自然资源、技术和知识的函数。最大化假定将导致对具有最高收益率的那部分资本存量进行投资，那部分存量相对于其他存量在数量上将会增长，从而保证使收益率逐渐拉平。而后，新的实物资本和人力资本将会创造出来，而新的自然资源则会被发现，此时，将放弃的消费（即储蓄）投资于发明或发现那些特别的技术和自然资源而得到

① 参见贝克尔的导言（1976 年）对新古典派假定的一个传统论述。弗洛伊德（1969 年）关于新古典派方法运用于经济成长的出色阐述使我受益匪浅。

的收益率超过了现有各种机器和技艺的扩张而得到的收益率。如果劳动力规模相对于资本存量增长，那么，调整人力和实物资本的形式以适应资本劳动力比率的变动，将是有利可图的。同样，也可以对自然资源存量进行某些调节。

在这些情况下，总产量的增长和人均产量的增长，是由已储蓄的（和已投资的）收入部分和人口增长率所决定的。如果已储蓄的收入部分导致的产量增长正好等于人口的增长，那么，人均收入增长为零。另一方面，如果储蓄率高于人口增长，那么，将导致实际人均收入率增长。

从经济史学家的观点看，新古典派的这一公式似乎是用未证实的假定来解释一切令人感兴趣的问题。它所涉及的社会是一个无摩擦的社会，在这种社会中，制度不存在，一切变化都通过完善运转的市场发生。总之，获得信息的成本、不确定性和交易成本都不存在。但是，恰恰因为这种不存在，新古典派公式才提出那些有待探讨的基本假定，以便发展一种关于结构和变革的有用理论。

首先，模型假定一种刺激结构将使个人按全部差额得到投资的社会收益，就是说，使个人和社会的收益相等。其次，它假定，新知识的获得和利用的收益不递减，因为在成本固定下能够增加自然资源的存量。第三，它假定，储蓄有实际收益。第四，假定生育后代的个人和社会费用是相等的。最后，人们的选择和预期的结果是一致的。让我们对每一点依次进行考察。

规定完善和无需成本实施的所有权（即零交易成本）是坚持第一个假定所必需的。这样的条件从来没有具备过。而当今像整个历史一样，许多资源更接近于公有财产而不是专有财产。因此，达到同等边际效率解决所必需的条件，无论是罗马共和国，还是 20 世纪的美国或苏联，从来就不曾有过。在已经历过的那些社会中，最好的不过是把个人收益提高到与社会收益相当接近的程度，以便提供足够的刺激来达到经济增长。然而，增长与停滞或衰退相比要少见得多。这一事实表明，“有效率的”产权在历史上并不常见。特别是个人向来不具备从知识和技术存量的增加中获得社会收益的能力，或者说，这种能力很不完善。因此，不仅技术进步在整个历史的大部分阶段是缓慢的，而且，自然资源存量的收益递减也是人类最重要的经济难题。

那个难题使我们得出模型的第二个假定：科学和技术仅仅在现代才合而为一，真正克服了收益递减。虽然西方国家在上个世纪不曾经历过自然资源收益递减，但它们必定在更久远的往昔经历过。

储蓄的实际收益的存在，也取决于产权结构。在整个历史上，已储蓄的收入的比例和资本构成的比率（实物资本和人力资本）通常是极低的，有时为零或负数。对产权的担保是储蓄和资本构成比率的一个重要的决定因素。

生育后代的个人成本和社会成本的一致，不仅意味着人口出生率受人的控制，而且意味已有的刺激和抑制结构随时调整个人的生育决策，以适应于人口增加所需社会成本的变化。马尔萨斯危机在整个历史上反复出现就充分证明这一条件尚未具备。

最后，我们要提一下最后一个假定：选择与结果的一致。新古典理论与经济史的基本含义有关的一个颇有影响的见解是，在不确定的情况下，个人利润即福利的最大化是不可能存在的（因为没有人能肯定一项决策的后果)，不过，福利最大化的结果仍然存在。它之所以存在，只是因为在普遍不足的情况下，竞争决定着比较有效率的制度、政策或个人行为会存在，而无效率的制度、政策或个人行为则归于消灭。[①] 这一见解是理解经济组织的制度形式演变的基础，但在一个非市场社会，政治结构低效率的决策方式的确持续了很长时间。另外，个人、团体和阶级对现实的看法各不相同，解释它们周围社会的理论各不相同，推行的政策也各不相同甚至彼此冲突。导致无效后果的“谬误的”理论，将促使奉行这种理论的那个团体让位于奉行后果有效的理论的另一个团体。但坚持低效率的政治经济结构反过来又使对立的意识形态成为理解经济史的一个重要问题。社会生物学家对人类社会生存特征的洞察是一项重要贡献，但他们必须与确凿的事实相结合，这一事实就是，至少在对历史学家说来是决立性的、相当漫长的时间里，人类文化产生过种种相反的、冲突的和无效的解决方案。

揭示新古典模型的这些假定，便于指出我将在本书中所选择的方向。解释历史上的经济绩效需要有一个人口统计变动理论、知识存量增长理论和制度理论，以便弥补上述新古典模型的缺陷。针对第一种需要，我直接利用了关于人口统计变化的文献。至于知识存量的变动，则与体现在制度中的激励结构变革一道加以考察。研究最初集中于制度理论上。这一理论的主要部分为：

(1)产权理论，描述个人和团体的激励制度；

① 参见 A.阿尔切安(1950 年)关于这一论点的经典论述。这整个研究所用的“有效率”和“无效率”术语，都是为了比较两组约束的含义——在一组里，参加者的最大化行为带来产量增长；而在另一组里，则不带来产量增长。

（2）国家理论，因为是国家规定着和实施着产权；

（3）意识形态理论，解释各种不同的关于现实的观念如何影响个人对变革“客观”环境的反应。

在以下四章，我将发展经济制度结构理论的各个要点，但我首先要将经济学家必须解决的另一个基本问题作一番叙述：这就是历史上的变革问题（或其反面：经济制度的稳定性）。

让我们回到上述新古典模型上来。在该模型中，除市场外没有组织或制度，而且在这一框架中，变革是通过非个人市场上相对价格的变动而发生的。这种框架提供一套有力的工具，不仅解释自行调节的市场，而且表明怎样随着参数的改变来调整市场。由于该模型是新古典经济学运用于历史的最有力的分析工具之一，因此，值得对这一点详加阐述。

为简明起见，让我们来描述在一个政治经济单位里发生的变化。这个单位土地固定，没有外部贸易（或生产要素的流动），经历了人口增长。直接后果是食品（和原料）价格上升，因为短期供给曲线完全没有弹性。就是说，粮食销售者发现，按原有的价格会有更多的人需要他的食物，于是，他会把食物用光以便提高价格。一个工人的实际收入下降，因为他的工资买到的食物减少了；地主的实际收入增加了，因为他出售的产品，虽然数量相同但得到的收入却多了。由于拥有土地可能盈利的能力提高，土地的价格被哄抬上去。投资者将提高资本对土地的比率，因为运用资本越多（改变排水系统、增加灌溉等），从一定数量的土地上得到的产量越多，结果便越有利可图。确切的替代数依生产函数（即技术状况）而定。经过这一过程，即便在很短的时间里，粮食的供给曲线也会变得较有弹性。不过，调整过程远未结束。工人养育子女的费用提高了，结果，为了不致使其生活标准下降，工人家庭决定减少子女。发明食物生产的新技术（开发肥料或种子，培育高产作物、多产动物）以改变生产函数将提高盈利能力。于是，从长远看，人口增长率降低、食物供给增长（即长期供给曲线可能完全有弹性）。工人的实际工资提高，土地价格降回到最初的均衡状态。

读者很快可以看出，这个新古典模型假定个人和社会的成本收益是一致的（即规定完善和无需费用实施的产权）。按照相对价格变动提供的“信号”改变差额以完成调整过程，乃是模型的一个组成部分。相对价格的变动使生产要素无摩擦地转向它们最有盈利的用途，并且所有的变化都是个人对成本收益最大化变化的迅速反应。

现在让我们仔细考察同一个方案，不过，这次是在一个存在制度和实际交易费用的现实社会。需求开始改变加上农产品供给曲线无弹性，固然导致市场价格上升，但调整过程是由信息成本所决定的。市场越是“不兴旺”，信息传播的技术便越是原始，调整过程发生所需的时间便越长。此外，在一个时期里，享有通常生活标准的工人（特别是城市工人）可能闹事以抗议食物成本上涨，或者呼吁政府限价以阻止涨价。土地的潜在价值将会上升，但如果有习惯的土地协议（或关于土地转让的禁令），调整的性质便成为不确定的了。在对土地没有独占的产权的情况下，农民可能得不到对土地资本密集利用的增益。农民会请求国家改变产权，以便他们能得到土地产权的独占收益，但如果把以前使用土地的人排除在外，他们将会反对产权的这种变革。虽然生育子女的社会成本会上升，但可以察觉出的个人成本并不怎么大（因为增加一个劳动力除家庭成本外，还有社会成本，因而使工资率降低，而单个人增加则会变得更加拥挤，并可能使疾病传播）。结果与社会最适条件相比可能是一种延迟的反应。投资新知识和开发新技术的盈利能力，需要有某种程度的对思想和创新的产权。在缺乏这种产权的情况下，新技术便不可能来临。

这一方案绝没有排除人口增长的可能后果，但它确实针对本书的两个基本问题。

1.重要的是说明经济制度结构，以便有意义地探讨一种经济绩效的动力。

2.虽然某些变化恰好以新古典经济学内含的方式（即个人成本收益的变化导致行为自动改变）在边际发生，而另一些变化则不是如此。特别是闹事和这种行为对生命安全带来的潜在威胁并不符合单个城市工人的利益。新古典主义的个人不会采取行动，而会让别人去做。无论农民承担组织费用呼吁政府改变产权——或者组织损失者同这种变化作斗争，都是不合算的。在每一种情况下，白搭车难题都会得出不同的答案。

让我们公正地对待白搭车问题吧。曼库尔·奥尔森（1965年）推广了新古典主义的范例，用来论述在新古典世界存在的团体行为方式。他发现小团体存在的地方，它们活动的个人收益超过成本，或者可以强迫个人行动，而在大团体（例如美国医学协会和工会）存在的地方，其成员可以得到局外人得不到的独占的个人收益。他还论证，当组织大团体发动变革而其成员并不享有某些独占的收益时，这些团体往往不稳定，而且是要消失的。总而言之，当个人收益靠白搭车而仍可以得到时,有理性的个人便不会承担参与大团体活动的费用。

奥尔森的著作给经济史提出一个基本的问题。日常随处而得的印象进一步证实,白搭车行为是普遍存在的。但随处可得的印象也证实,发生大团体活动并成为变革的一支基本力量的这种情况是很多的,——只是这种活动不能用新古典派术语讲清楚罢了。用新古典派术语构筑其模型的经济史学家,已经将一个基本矛盾铸入其模型之中,因为新古典派模型没有办法说明我们在历史上看到的大量变革。

马克思主义靠证明阶级是结构变革的发动者便取巧地解决了整个问题,但那个论点则根本没有被说明,因为马克思主义完全不考虑白搭车问题并使信念来了个大飞跃,认为人民为了阶级的利益会将他们自己的个人私利置诸不顾,甚至自愿承受重大的个人牺牲。然而,马克思主义积极分子本身提供了证明这不是标准行为的最好根据,正是他们把莫大精力贡献出来,试图使无产阶级确信能像一个阶级那样行动。

可以将说明变革的难题简述如下。新古典派经济理论可以说明人民为其自身利益行动的行为方式;它可以解释为什么人民不为选举所惑;它也可以解释由于白搭车问题在个人利益受到忽视的地方,人民之所以不参与团体活动的原因。但是,它不能有效地解释这个问题的另一面,那就是为自身利益算计的行为并不是动因。我们究竟怎样说明利他行为(如隐姓埋名的无偿献血),怎样说明人民甘愿去从事要冒重大牺牲而无明显可能利益的事情(在历史上,会给个人或团体带来牢狱之灾和牺牲的没有休止的游行,难道是为了一些抽象的原因)?我们究竟怎样解释为数很多的人民去投票,或者在个人收益甚少或可忽略的地方,个人为参加自发性组织而作出大量的贡献?

新古典理论同样不足以解释稳定性。为什么人民在社会规章妨碍他们获得自己利益时竟对社会规章加以服从?当然,个人对成本收益的算计表明,欺诈、偷盗、逃避义务、行凶杀人可能是随处可见的。我们的确看到了这种种行为,但与它们并存的是,我们也看到,当他们侵犯重大利益而可以不受罚时,有些人却得服从规章。确实,新古典世界是一个弱肉强食的世界,没有社团能够生存。

在从事一项非法活动前,个人提出高于其机会成本的酬金是对他合法(一种意识形态上的考虑)提出的价值的一种衡量。同样,个人在试图推行变革中承担的净成本,是对个人所感受的不公正和异化的衡量。为了说明变革和稳定,还需要有个人对成本收益算计以外的东西。人们在试图变革结构的过程中,可能会忽视这种算计,那是因为认为制度仍是不公正的那种思想信念太根深蒂固了。个人也可能服从习俗、规章和法律,那是因为认为它们是合法的信念根深蒂固的缘故。历史上的变革和稳定性,需要有一种关于意识形态的理论来解释同新古典理论关于个人主义合理算计相背离的那些情况。

第二章　经济结构导论

自从人类首次培育植物和驯养动物，从而加快了从野蛮到文明的漫长进化以来，在一万年间，已经有过一系列令人迷惑的经济组织，与其他非经济的制度相互影响着。我们能不能从这些事物中将决定经济绩效的基本结构提取出来？非经济制度与直接含有生产和交换关系的那些制度是怎样相互作用的，这一点很难确定。此外，这些制度的——经济的和非经济的——建立和破坏，并不是发生在真空里，而是人民在历史上归结的机会和从价值准则中所引出的观念的结果。"现实"的内容与人民在历史上所归结出的关于其周围社会的理性化有关，而在基本方面，则受到他们关于现存习俗、规章和制度是正确或谬误的见解的影响。

我们可以从着眼于人口和资源之间的紧张状况（这一点过去是，今后也仍将是经济史的中心）开始，利用保存着的资料来发展结构。自从托马斯·马尔萨斯于 1798 年写成他的第一篇关于人口的论文以来，学者们对他的关于人口增长超过资源基础的悲观预见一直有争论。诚然，对马尔萨斯命题的社会含义的反应，导致了人口统计学与经济学的分离，这一分离直到近年来才重新弥合。

尽管现代就人口与资源之间的这种关系作了许多研究，但仍有许多方面是未知的，或被争论弄得很混乱。我们确实知道，尽管断断续续地有时在一个长时期中出现过人口的绝对下降，但纵观整个史前史和历史，人口是增长的。如果认为在更新世末期人口总计约 800 万这一推测是正确的，那么在前一二百万年间，增长率也许每年为 0.0007%—0.0015%。农业出现后，增长率似乎加快了，提高到 0.036%，直到公元一世纪人口达到 3 亿。从一世纪到 1750 年，增长率一直为 0.56%——结果人口增长到 8 亿。此后从 1750—1800 年，增长率急剧上升到 0.44%；19 世纪上升到 0.53%。20 世纪前五十年里为 0.79%，而 1950 年以来为 1.7%——从而使目前世界人口超过了 40 亿。[①]

当我们试图把原因归之于人口和资源之间的关系时便引起了争论。人口增长模式与马尔萨斯理论是一致的吗？埃斯特·博塞鲁普（1965 年）将马尔萨斯的论点颠倒过来，证明人口增长刺激技术变革（从而刺激资源基础的增长）。还有一种观点，来自现代对原始部落的研究，这些部落似乎呈现出人口的自动平衡。在南非卡利哈里沙漠的丛林土著那里，事实表明，他们一天只用 4 或 5 个小时便可以得到他们的食物供给，为防止人口大量增长——从而为防止资源耗尽，活着的孩子隔得很开。[②] 我们可不可以认为史前部落具有同样的行为？在第十章里将考察这个问题。

经济史也涉及对资源变化的反馈效应。资源基础的缩减，肯定会通过饥馑和抗病力衰减而导致死亡率上升。需要多长时间降低人口出生率？它的社会机制是什么（与生理上的自动减少相对

① 参见安斯利·科尔（1974 年，第 42 页），也可参见卡洛·奇波拉（1962 年）。

② 参见杜蒙德（1975 年）关于这一证据的讨论。

比)?延迟结婚、改进避孕方法、杀婴?随着资源基础扩大,人口如何反应?最近的研究已经表明,现代人口的巨大增长,不是通过医学发现和免疫使死亡率下降的结果而是通过改善营养和环境使死亡率下降的结果。最后,我们如何解释在经济迅速增长之后出生率的下降?

由于许多这类问题没有解决,因此本书的研究不能不带有推测性。在生育孩子的个人成本和社会成本之间似乎确有重大的不同,生育孩子的个人成本的变化反应似乎更迟缓。新古典派对人口出生率的一项严格研究——即新家庭经济学——无疑是一个有价值的分析工具;但它究竟能解释到什么程度,以及文化上即意识形态上的考虑能在多大程度上严格修正人口统计学的成本收益计算,仍然是众说不一的。[①] 看来,马尔萨斯人口压力也像一种历史的真实;此外,有时人口压力引起过技术的、社会的或其他方面的变化,这些变化(至少暂时)减轻了人口对资源基础的压力。[②] 另外,瘟疫在改变历史上的死亡率方面显然也起过重要作用,气候的变化也曾经改变过不同时期的资源基础(从而改变了死亡率)。[③]

不过,虽然研究必然带有推测性,但本书的论点却是明确的。

1. 在人口与资源的比率方面,历史上有过两次大的中断,我称

① 参见查尔斯·蒂利(1978 年)关于历史上人口统计学状况的出色概述。

② 关于马尔萨斯人口压力的证据,参见阿纳利斯学派的大量研究,或罗纳德·李为这些问题所作的一个比较准确的模型:“适用于英国的前工业社会动力模型”,载蒂利编的《出生率变化的历史研究》(1978 年)。博塞鲁普(1981 年)就人口压力和技术变革之间的关系作过探讨。

③ 参见威廉·麦克尼尔(1976 年)关于天灾在历史上的作用的论述和勒鲁伊·拉杜里(1979 年,第 17、18 章)关于气候变化的讨论。

之为第一次和第二次经济革命。

2. 在这两次革命之间为马尔萨斯人口压力时期，这一压力有时被生理上和社会上的反应所抵消，有时则是被经济制度效率的改变（它改变了资源基础）所抵消。

让我们详细考察这后一方面的情况。资源的数量与技术状况有关。在前一章的简单的新古典模型里，我们可以让土地和自然资源不出现，采取假定它们在广义上可以被看作是资本存量的一部分。这不失为合理的现代假定，但却是对以往历史的解释的基本歪曲——因为只是到了上个世纪，随着第二次经济革命，自然资源报酬递减才不再是人口增长时老是存在的一种威胁或现实。不过，模型的确展示出一个基本点，那就是资源基础的扩大取决于技术的改进，从而最终取决于知识存量的增长。

人类的创造才能，使人有别于几百万年前的其他灵长类动物，就是一项对过去一万年间技术史的有保留的研究，也使人们对人类的创造性惊讶不已。[①] 发明和创新似乎是人类所固有的癖好。发明活动不是这里的争论之点，这里争论的问题是，什么在决定着历史上发明活动的速度和方向。在这项对经济结构分析的初步探讨中，有三点需要指出。

1. 在整个历史上，在发明和创新的个人收益和社会收益之间，几乎始终存在着巨大的差距。问题是，如何规定对思想的产权和在经济活动中应用这种产权；想出对技术发展的产权比想出对产

---

① 例如，要消除古代社会人类多么落后的观念，只需读一读亨利·霍奇斯的《古代社会技术》（1970年）一书，便会对古代社会非凡的技术发展留下深刻印象。

品或资源投入的产权更为困难。由于对知识产权和创新的程度难以计量，以及对这任何一种产权难以实施，这两者一直是个人收益和社会收益有差距的基本原因。

2. 如内森·罗斯伯格（1976 年）和保罗·戴维（1976 年）所强调的，技术发展是相互联系的。列奥纳多·达芬奇在其出色的笔记中所提到的创新思想，如果没有工程、物理和化学的辅助性发展，那是不可能实现的。只是由于有了光学上的辅助性发展（产生了显微镜），发现才有可能。因而，技术发展是建立在知识提前累积的基础上的，这决定着以后发明活动的方向。

3. 除非基础知识存量增长，否则，新技术发明最终将陷于收益递减。基础知识取决于物理学和其他科学的发展；决定这些学科发展的一些因素，直到相当晚近的时代才完全独立于新技术发展。不过，在科学和技术合而为一的第二次经济革命的近代社会，仍不妨把基础知识的增加看作是技术进步的派生需求。

知识存量和技术存量扩大人类福利的范围，但它们不决定人类在那些范围内怎样达到成功。决定经济绩效和知识技术增长率的是政治经济组织的结构。人类发展的各种合作和竞争的形式及实施将人类活动组织起来的规章的那些制度，正是经济史的中心。这些规章不仅阐明了指导和决定经济活动的激励制度和抑制制度，而且决定着一个社会基本的福利和收入分配。理解结构有两个必不可少的工具，那就是国家理论和产权理论。

国家理论之所以不可缺少，原因在于，国家规定着产权结构。国家最终对产权结构的效率负责，而产权结构的效率则导致经济增长、停滞或经济衰退。因此，国家理论不仅要为产生低效率产权的政治经济单位的固有的趋势提供解释，而且必须说明历史上国家的非稳定性。不幸的是，这一重要的理论工具并没有用在经济史上说明长期变革。

产权理论对于说明人类为减少交易费用和组织交易而发明的各种经济组织是必不可少的。如果可以假定有一个“中性的”国家，那么，假定存在着对技术的压制、信息成本和不确定性，在短缺和竞争的社会里出现的各种产权，就其为一种最低成本方法这一意义而言，应当是有效的。事实上，出现产权是国家统治者的期望与交易双方为减少交易费用所作的努力之间紧张状态不断加剧的后果。这一简单的两分法实际上却绝不是简单的，因为交易双方要拿出资源影响政治决策者去改变规章。但至少作为推理的最初起点，将国家理论与研究产权的交易成本方法加以区分是有用的。

政治和经济组织都具有一组共同的基本特点，这正是我们的研究中心。发明这两种组织，是为了利用专业化（包括暴力行为的比较利益）带来的交易收益而使资本财富最大化。这两种组织都必须：

1. 用法规和章程来建立一组对行为的约束；

2. 设计出一套程序，以便对违反法规、章程进行检查和遵循法规、章程；

3. 辅之以一组道德伦理行为规范以减少实施费用。

法规、章程规定着本主（即政治组织的统治者和选民或市场的生产者和消费者）之间或者本主和代理人（在等级性政治经济组织中为统治者和官僚、所有者和经理、经理和工人）之间的交易条件。宪法、法律结构、产权规定、组织细则、工会合同——凡此种种都体现着对行为的约束。

遵循措施涉及对违反法规、章程和已签订的合同协议的检查，对奖惩的规定和实施。如果可以不付费用地衡量交易商品和劳务的性能及代理人的成绩，那么，检查违章的问题便不重要了。衡量是对一种商品和劳务的正式描述，因而，如果没有某种衡量形式，产权既不能建立，交换也不可能进行。遵循费用还包括对无绩效而施以处罚的费用。因为衡量是需付费的（而且，要衡量得精确，就必须付很高的费用），加之还有实施费用，因此，充分重视违背协议的行为对交易各方都有利。如果合同的任何一方不完成他或她承担的那部分合同，而可以不受损失地得到交易的收益，那么，这样做便是对他或她有利。逃税、诈骗、敷衍塞责、投机取巧、代理的问题（及用于监控和计量的资源），便因遵循措施费用昂贵而上升为主要问题。因此，无论是规章形式的行为约束，还是用来检查和强制遵循规章的那些措施，都是为使受到这些交易费用制约的本主的收益最大化而发明的。

有一部重要的文献论述在技术约束下最大化的组织含义，[①]但是要发展一种关于政治经济制度的理论，则应当将那种约束与遵循成本带来的交易约束合并起来。在以下两章里，将对国家和经济组织约束最大化模型的要点加以展开。

不过，论据显然是不完善的。遵循需付代价，如果没有某种程度的对最大化行为的个人的约束，实施任何规章，都会使政治或经济制度没有可行性——因此，要进行巨大的投资，以使个人相信这

① 参见论生产职能的文献，或者说为了弄清历史的叙述，参见钱德勒（1977 年）。

些制度的合法性。一种政治和经济制度结构（和变革）的理论，必须与意识形态理论结合起来，后者是第五章的内容。

第三章　新古典派的国家理论[①]

第　一　节

国家的存在对于经济增长来说是必不可少的；但国家又是人为的经济衰退的根源。这一自相矛盾的情况，使得有关国家的研究成为对于经济史是至为重要的：国家模式应当是任何有关长期变化分析的一个明确的组成部分。然而，尽管在漫长的历史探索的过程中，历史学家和政治学家提出了各种关于国家的理论，经济学家们却向来不大注意这个问题。

不过，近来新古典经济理论——已证明是有力的分析工具——的最新进展已被应用于各种政治问题。[②] 想来是一种选择理论的新古典理论至少提供了一种严格的、逻辑上一致的、有关国家研究的方法。这一理论提出了发展非市场决策的可驳性命题的希望。此外，对经济组织的研究，显示了经济组织与政治组织的密

① 这篇论文最初曾以“经济史上的一个分析国家的框架”为题刊载于《经济史探索》（1979 年 7 月）。

② 参见鲍莫尔（1962 年）；布坎南和塔洛克（1962 年）；唐斯（1957 年）；尼斯卡宁（1971 年）；布雷顿（1974 年）。

切关系。一种令人满意的企业理论，曾对国家理论的发展起过重大作用。[①]

当然，我们应当注意到新古典派理论的局限。公共选择理论——应用于政治学的经济学——在解释政治决策方面其成功充其量是有限的。利益集团政治学不能有效地解释选举行为；意识形态上的考虑则似乎能说明大多数政治决策和司法决策。[②] 此外，需要提出的问题与日常政治决策程序不在同一水平上。对经济史学家来说，关键的问题是解释逐渐由国家规定和强制实施的产权的性质和解释强制实施的效力；最有趣的挑战，是解释结构的变革和产权在这期间的实施。

第　二　节

开始，人们确实对准确界定国家是什么这一问题感到困惑。例如，中世纪庄园究竟在哪些方面可以归入从自发组织到国家这一连续整体之中？就其作用来说，国家是一种在行使暴力上有比较利益的组织，它对纳税选民拥有的权力决定其地理疆域的延伸。产权的实质是排他的权力。而一个享有行使暴力的比较利益的组织便处于规定和强制实施产权的地位。与政治学、社会学和人类学文献经常提到的理论相比，这里理解国家的关键在于，潜在地利用暴力来实现对资源的控制。离开了产权便不能提出一种有用的

① 参见科斯（1937 年）；阿尔切安和登塞茨（1972 年）。

② 参见诺思（1978 年）。

国家分析。[1] 总的说，对国家有两类解释，即契约理论和掠夺或剥削理论。关于国家的契约理论由来已久。契约理论近来再度受到新古典经济学家们的注意，因为这些理论是交易原理的合乎逻辑的延伸，在交易中，国家充当了使社会福利最大化的角色。因为一项契约限制着每个人与他人有关的活动，从而对经济增长具有重要意义，这样，契约理论方法便为促进使经济增长的有效的产权的发展提供了一种解释。[2]

形形色色的社会学家，包括马克思主义者（至少按他们对资本主义国家的分析）和某些新古典经济学家，则坚持掠夺或剥削的国家理论。这种观点认为，国家是一个集团阶级的代理机构；其职能是代表那个集团或阶级的利益榨取其他选民的收入。掠夺的国家将规定一套产权使当权集团的岁入最大化，而不顾它对整个社会的福利有什么影响。

契约论可以解释为什么国家可以潜在地提供一个节约利用资源的框架，从而可以促进福利增长。不过，作为每项契约的第三方和最终的强制根源，国家却在变成为争夺对其决策权的控制而进行战斗的场所。每一方都希望能对福利和收入进行再分配以有利于他们各自的团体。契约理论解释缔约的最初收益，而不是不同利益的选民后来使利益最大化的行为，掠夺理论则不考虑缔约的最初收益，而专注于操纵国家的那些人如何榨取选民的租税。不过，这两种理论并不是矛盾的，正是“暴力潜力”的分配使它们一致

① 在对国家起源的另一有趣的分析中，卡尼耶洛（1970 年）未能将国家与产权的建立联系起来。

② 昂贝克的分析（现有的）是最认真的分析。

起来。契约理论假定暴力潜力在本主中间平等分配。掠夺理论假定不平等分配。

带来持续经济增长的产权很少支配整个历史，但连最偶尔的对人类经验的观察都指明，曾有一些政治经济单位获得过长期的、巨大的经济增长。在经济持续增长的情况下，我认为产量比人口增长得更快。这种现象不限于工业革命以来的这两百年。早在公元前八千年和公元后头两个世纪的罗马帝国的和平时期，财富便在农业发展中有过积累。在这些世纪中，整个文明确实衰落了甚至消失了，但也有一些文明，如美索不达米亚、埃及、希腊、罗得斯，当然还有罗马共和国和帝国却经历了长期的经济增长。尽管工业革命的创造就是经济史学家所说的神话，然而，关于持续的经济增长已没有什么新内容了。除了政治经济单位最终的经济衰落，没有什么是不可避免的。

我将在这一章提出一个简单的国家模型，以便解释对经济史来说是基本的两个方面：国家的普遍趋势是产生低效率的产权，从而不能达到持续增长；各国所固有的不稳定性导致经济变革，结果，最后引起经济衰退。首先，模型考察的是有一个统治者的国家。不过，我还要考察统治者和选民之间的紧张关系，这种关系导致统治者控制的削弱和政治上多元化的出现。关于合法性和转让搁到第五章去研究。①

拥有一个使福利或效用最大化的统治者的国家的模型，有三个基本特点。一个特点说明统治者与选民的交易过程；其他两个

① 在这一章我也不考察国家政策对生育率和死亡率的影响。

特点说明决定交易费用的条件。

首先，国家用一组服务——我们可以称作保护和公正——来交换岁入。由于提供这些服务有规模经济，当有组织的专门从事这些服务时，所得到的社会总收入要高于社会上每个人保护其各自财产时所得到的社会总收入。

其次，国家试图像一个有识别力的垄断者那样行动，将每个选民团体分开，为每个选民团体发明产权以最大限度增加国家的岁入。

第三，既然永远存在着能提供同一组服务的潜在的竞争对手，国家是受其选民的机会成本所制约的。竞争对手有其他国家，另外还有在现存的政治经济单位内可能成为统治者的个人。统治者垄断权力的大小是不同选民团体替代密度的函数。

如果更深入地考察这三个假设，我们不仅可以使模型的内容更充实，而且可以为经济史学家引出某些有益的含义。

第　三　节

国家所提供的基本服务，是一些根本性的竞赛规则。无论以不成文的习俗形式（如在封建庄园里），还是以成文的法规形式发展，它们都具有两个目标：一个目标是规定竞争和合作的基本规则，以便为统治者的所得租金最大化提供一个产权结构（即规定要素和产品市场的所有权结构）；另一个目标是，在第一个目标的框架内，减少交易费用，以便促进社会产出的最大化，从而增加国家的税收。这第二个目标导致一组公共（或半公共)产品和服务的供给,用以降低规定、谈判和实施构成经济交易基础的契约的成本。与发明法律、司法和防御制度有关的规模经济则是文明的根本来源;在第一次经济革命以后的一千年间所创造出的国家,乃是以后一切经济发展的必要条件。尽管定居农业出现后的一万年,在历史上追溯起来,出现过一幕幕大多由国家统治者或其代理人所导演的战争、杀戮、剥削(不过是有限的)、奴役乃至大规模的屠杀,但仍必须着重指出,一个国家对于经济进步是至关重要的。在整个历史上,个人在国家——虽然它可能是剥削性的——和无政府状态之间所作的选择对国家是有利的。凡是有规章便比没有强。再者,把规章定得令人讨厌、毫无生气对统治者也没有好处。

这些目标有以下三个重要含义。

1. 总的说有两个不完全一致。第二个目标含有一组旨在使社会产出最大化的、完全有效的产权;第一个目标试图规定一组基本规则,能使统治者最大限度地增加自己的收入(或者,如果我们希望放宽有关单个统治者的假定,则为最大限度地增加以统治者为其代表的团体或阶级的垄断租金)。从古埃及王朝的再分配社会、希腊和罗马社会的奴隶制度到中世纪庄园,在统治者(及其团体)最大限度增加其租金的所有制结构同减少交易费用和鼓励经济增长的有效率的制度之间,一直存在着紧张关系。这一基本的二元结构,是社会未能经历持久的经济增长的根本原因,我将在这一章的稍后部分,对它进行更详细的考察。

2. 造就用以规定和实施一组产权的基础结构,需要授权于统治者的代理人。代理人的效用函数与统治者的效用函数不完全相同,统治者规定一组规则,而要与其目标一致的代理人去执行。[①]不过,统治者权力扩散到一定程度,代理人便不完全受规章约束。其后果将是统治者的垄断租金减少。我们通过考察经济的几部分交易费用可以预示这一官僚制度的结构。

3. 统治者所提供的服务有不同形式的供给曲线。当某些服务是纯公共产品时,另一些服务则为典型的 U 形成本曲线,反映平均成本上升超过了某种产出。保护的成本曲线与国家的军事技术有关,并说明当保护的边际成本等于税收增值时,政治经济单位的规模是“有效率的”。从希腊城邦到罗马帝国,从封建时代分散的小政治组织到民族国家,军事技术和军事技术的变化在形成供给曲线上起了重要作用。[②]

为解释国家规模变动而提出的两个局部性理论,是与上述边际条件一致的。威特福格尔的水力社会(1957 年)实际上是一种自然的垄断,具有由一个综合用水制度的不可分割性所派生的规模经济。弗里德曼关于国家规模和形式的理论(1977 年),探讨税收类型同国家规模和形式的关系,论证:如果贸易是主要的政治税收来源,结果可能造成一个大国,租金可能意味着小国;而劳动则可能意味国家有封闭的疆界,或在文化上是同类的。

① 关于代理理论的进一步讨论,参见詹森和梅克林的论述(1975 年)。

② 经济史中最不受重视的部分之一,是对与国家规模密切相关的军事技术的研究。虽然有大量的关于军事技术本身的文献,但很少探讨它对政治结构的含义。比恩的论述(1973 年)为这方面的一个例外。

第　四　节

经济是由具有不同生产函数——反映出政治经济单位的技术、资源基础和人口的各种活动构成的。统治者规定一组产权，通过对经济的每个可分离部分的投入产出进行检查和计量，最大限度地增加各部分的垄断租金。衡量投入产出所需的费用，将制约不同经济部门的各种产权结构，因而产权结构是受衡量技术的状况所决定的。衡量资源的费用超过收益的地方，从来是共同财产资源存在的场合。标准度量衡的发展，几乎像政府一样久远，并象征性地受到国家的鼓励。标准化行使着降低交易费用和使统治者获取最大租金额的职能。衡量多种产品和服务的成本越高，租金消耗得越大。[①]

在历史上，统治者采用了以下组织形式，包括组织宽松的、由地方州长及其官僚构成的联邦结构；直接服务于统治者的、中央集权的官僚制度；执政官制度；包税制度。尽管为检查煞费苦心，在以上每种组织结构中，统治者的代理人还是不完全受约束，他们的利益与统治者不完全一致。其典型后果是，统治者或多或少地为代理人消耗了垄断租金；在有些场合，代理人和选民串通一气来分享部分垄断租金。

① 参见巴泽尔(1974 年)；切昂(1974 年)。

第　五　节

统治者总是有竞争对手的:竞争的国家或其国内可能成为统治者的人。后者类似于一个垄断者的潜在竞争者。[①] 在没有势均力敌的替代者的地方,现有的统治者在特征上便是暴君、独裁者或专制君主。替代者的势力越是接近,统治者所拥有的自由度便越小,由选民所持有的边际收入的比例便越大。每个不同选民的机会成本是不相同的,它将制约着每个选民团体按产权规定所拥有的谈判权力以及所带来的纳税负担。机会成本还将制约着统治者所提供的一定范围服务(即不是纯公共产品)的分配,因为统治者为势力接近的替代者提供的服务,大于为没有替代可能的人提供的服务。

选民可以按某种成本转向一个竞争的统治者(即另一个现存的政治经济单元),或支持目前国内统治者的竞争者。[②] 前一种选择依赖于竞争性政治单元的结构。当然是地理上比较接近的人有优势。统治者为获得或保留住选民而作的努力,将由保护的供给曲线和从增加的选民中得到的边际收益决定。

后一种选择依赖于竞争选民可能拥有的相对暴力。统治者自己的代理人也许能通过提供对现有租金更好的分配,来组织反对派和吸引选民中的支持者。不管怎样,其他控制足够资源、获得军

① 参见登塞茨(1968 年)关于垄断情况的分析。

② 这两种选择与赫希曼的退场和发言略相似。参见赫希曼(1970 年)。

事能力的人(或在封建社会有军事能力的领主)就是潜在的竞争对手。

第　六　节

刚才所描述的简单静态模型,将给统治者带来两种约束:竞争约束和交易成本约束。这两种约束的共同特点是产生无效率的产权。在第一种约束下,统治者将避免触犯有权势的选民。如果同可能接替的统治者接近的团体,在福利或收入上受到产权的不利影响,统治者便会受到威胁。相应地,他将会同意使产权结构有利于那些团体,而不顾这样做对效率有何影响。

同效率较低的产权相比,有效的产权可以提高国家的收入,但因为有交易费用(检查、计量和征收这种税收的费用)而降低统治者的岁入,因此,统治者常常认为,符合其利益的是承认垄断而不是可能导致竞争形势加剧的产权。

这两种约束一道说明低效率产权何以会广泛传播。实际上,使统治者(或统治阶级)租金最大化的产权结构与导致经济增长的产权结构是冲突的。① 马克思主义关于生产方式矛盾的概念是它的一个变种,按照这个概念,所有权结构与实现技术变革发展所带来的潜在利益是不相容的。当国家像上述契约所规定的那样运行

① 在零交易费用条件下,统治者可以先设计一组有效的规章,而后议定他的租金,但这一福利经济学的假定完全没有考虑实际的交易费用,而这是竞赛的实际情况。连最偶尔的一些对历史和当代社会的观察都表明,“无效率的”产权就是规章,而并非例外。

时，经济增长便有保证（如果个人在储蓄和预期孩子数目上的选择的假定合乎理性）。不过，如果结构是前述模型，纯契约的情况显然只发生在不寻常的环境，即统治者所规定的所有权结构与新古典增长模型（如《共产党宣言》中所描述的资本主义）所指的那种效率标准相一致。事实上，一种为有效的资源配置提供刺激的所有权结构（即一组使创新、人力资本投资等的个人收益率接近社会收益率的产权）才是实质性的。但是，我们应当马上指出，由于技术变化和更有效率的市场的扩展等将改变相对价格和选民的机会成本，并可能最后导致与所有权的基本所有权结构发生冲突，所以，后果必然是不稳定的。

总之，增长过程对一个国家意味着内部的不稳定。我将在下一节探讨一个国家对这些变革的调整适应过程。

不过，如果增长是不稳定的，那么当一个政治经济单元存在于许多政治经济单元竞争的社会，增长更会是不稳定的。如果邻国更有效率，那么效率较低的所有权便威胁到一个国家生存。结果，统治者面临着抉择，要么废除要么修改基本的所有制结构，使社会能够降低交易费用和提高增长率。不过，我们还要进一步指出，具有调整能力的，假定是单一的统治者，而不是决策来源多元时陷入难题的人。[①]

只要本国选民的机会成本或竞争国家的相对实力没有变化，停滞国家便可以生存。这后一个条件通常指国家接近垄断的地位并被弱小国家（即征服这些国家对统治者来说没有净收益）所包

① 格申克龙的相对落后假设仅在这一点上有意义。

围。

第 七 节

如前几节所述,国家内部的不稳定性可能是显而易见的。信息费用、技术和人口(或通常所说的相对要素价格)的变化,都具有明显不稳定的影响。还有一点很重要,那就是统治者的死亡。

相对价格变化,增强选民群体的谈判能力,从而可能导致变更规则,使该群体收入增加,或者选民可能迫使统治者放弃他制定规则的某些权力。"代议制"政府往往就是在统治者面临外部威胁时出现的。希腊城邦从君主制过渡到寡头制进而过渡到民主制(以雅典为例),是由于军事技术的变化(方阵的发展)而出现的,这一转变只能由公民军队来完成;统治者给的价格是对其制定规则权力的削弱。与此相似,在近代初期的欧洲,军事技术的变化(长矛、大弓和黑色火药)在某些场合导致将规则制定权委托给国会或三级会议,以换取更多的税收满足生存需要。

军事技术的变化,在古代和中世纪是多元或代议制政府发展的主要的(虽然肯定不是唯一的)原因,而现代对国家控制的改变,则与第二次经济革命引起的相对价格的剧烈变动有关。19 世纪以前,农业在西方世界的生产中一直处于主导地位,这造成了为控制国家的斗争都与分配地产和收入(包括农产品和资源的运销收入)有关。由于第二次经济革命,地租(和地主)的重要性相对下降,制造业和服务业增长,劳工所得收入份额增长,特别是人力资本的重要性提高,凡此种种,改变了生产结构,造就了新的利益集团；而这些集团又是上个世纪以来为控制国家进行斗争的基础。①

第 八 节

不稳定性是一种情况，发生变革和调整的过程又是一种情况。在这里，经济原理的应用同其他社会科学和马克思主义原理的应用有着重要的区别。前者是在市场调整过程中产生的，在这一过程中，边际变化引起瞬间调整。在政治学和经济学中，调整只发生在个人收益超过个人成本的场合；反之，白搭车问题将会阻止调整。这种情况严重限制着选民的调整意愿；并且它虽有助于解释无效率产权的存在，但显然不足以说明当个人收益微不足道或为负数时，大集团改变产权结构的行为。

另一方面，其他社会科学和马克思主义提出的理论解释了大集团改变产权的行为，但没有为解释克服白搭车问题的方法提供任何令人信服的理论基础。

这一理论缺口是解释长期变革的一个关键问题。非正式的经验主义提供充足证据表明大集团有时对改变国家结构起作用；但没有模型，我们不能预测白搭车问题何时会妨碍、何时不会妨碍这

---

① 产权和多元主义的分配含义，在别处作过探讨。我在这里只想强调，无论是选民跟统治者就产权谈判，还是争取到对规则制定权的某种控制，就产权有效或无效而论，结果可能是一样的，前面第六节提到的论点仍然有效。我可以用以下例证更有力地证明这一点。在当代世界上，像苏联和美国，在国家控制上就有巨大差异。前者与我的单一统治者国家模型接近，后者当然是一个多元主义国家。在前一种场合，关于产权的谈判是在控制结构内进行的；在后一种场合，利益集团普遍为控制国家而斗争。但我知道，光凭这一差异是没有理由预见这个或那个国家的产权的相对效率的。

种作用。意识形态研究和白搭车问题的某些实证模型的发展，对于制定一种国家变革的动态理论是必不可少的准备工作。

我们还应指出在白搭车问题会阻止大集团活动的场合严格坚持新古典方法的含义。这些含义加强了新古典模型的解释能力，同时也增强了它的局限，在总结这一讨论时，我希望就其若干要点概述如下。

首先，白搭车可以解释国家在整个历史上的稳定性。个人反抗国家强制力的费用，历来导致对国家规章的冷漠和顺从，而不管这些规章是多么不堪忍受。当代许多民主国家投票人名额减少与这一历史状况相应的则是个人不能作为阶级起作用，大集团不能推翻过时的社会。虽然这一简单观察的意义似乎在许多关于国家的文献中没有得到正确评价，但是马克思主义关于阶级意识、阶级团结和意识形态的浩繁文献却充分地（虽然并非是有意地）证实了这一点。列宁和后来的马克思主义活动家们，都清醒地意识到马克思主义理论和革命实践已面临白搭车这个十分现实的问题。

其次，制度创新来自于统治者而不是选民，因为后者始终面临着白搭车问题。至于统治者一方，他将不断使制度变革创新以适应相对价格变动，因为他没有白搭车问题。这样，土地和劳动相对短缺的变化使劳动变得匮乏，从而导致统治者创新制度变革以适应劳动力租金上升。只要劳动的机会成本不变（即来自其他统治者的潜在竞争没有变化），这些创新便将进行下去。

第三，革命将成为统治者的代理人或竞争的统治者所发动的宫廷政变。

第四，凡是统治者充当一个集团或阶级的代理人的地方，为了尽量减少统治者死亡时发生破坏性变革或革命的机会，将会发明一些规章来解决继承问题。如上所述，破坏性变革或革命，大多数可能便是由统治者的代理人引起的。

以上四点，有助于解释大量有关国家在整个历史上结构变革的根源和稳定性的情况。不过，只用一种分析来说明行动者只认同个人纯收益（狭义的经济学术语），那会给国家结构变革的研究造成重大障碍。为了解决白搭车问题，必须构建一种意识形态理论。

第四章　一个分析历史上经济组织的框架

第　一　节

在整个历史上，经济活动是通过多种组织形式来进行的。从所谓的埃及王朝的再分配社会到罗马共和制下庇护者与被庇护者关系再到封建庄园，这些组织形式一向是历史研究的课题；但大多数研究都缺乏分析内容。① 这一批评差不多也适用于一些经济学家论述现代经济组织的著作。事实上，直到最近，1968 年出版的《国际社会科学百科全书》都没有收入有关市场这一现代西方经济的最重要的制度、也是以往经济绩效核心内容的论文。

为了有分析地说明经济组织，我们必须将交易成本理论与国家理论一道加以运用。交易成本理论之所以必不可少，是因为在普遍短缺因而竞争的条件下，比较有效的经济组织形式在**其他情况相同**的条件下将取代效率较低的组织形式。不过，如同我在前一章所论述的，国家只是在有效的产权与国家管理者的福利最大化目标一致的限度内，才会鼓励和规定有效的产权。这里模型的

① 卡尔·波拉尼的著作是一个例外。参见诺思(1977 年)对其贡献所作的评论。

要求便是将两者结合起来。这里，我应从展开对经济组织交易成本的研究开始，而后将这一研究与我在前一章提出的对国家的分析结合起来。

我从第 2 章暂时搁住的地方开始。任何形式的经济组织都必须有一些条款来规定和履行交易条件。暂且不论国家的作用。组织形式的选择，受制于一定量的产出所需资源的相对量。市场价格体系是需付费的，因为开始衡量交易产品和劳务而后履行交易条件都要付出费用。除此以外，其实还有第三种费用：即与衡量不完善带来的外在效应有关的费用。对比一下等级组织形式代替中央集权的指令：一种契约性的安排，限制着交易双方在一方将决策控制出让给另一方时的选择自由。[①] 这种组织形式的费用是衡量代理人绩效的费用；低效率与不完善的衡量有关；也与实施费用有关。因为遵循的资源费用不同于市场价格体系所含有的费用，遵循的资源费用带来不同的后果。让我举市场交换为例，接着探讨企业(或其他等级组织)存在的原因，而后再尝试解释历史上的经济组织。

第　二　节

我先简要叙述一下我每周在本地公共市场上进行的交易，即购买一定量的柑橘(1980 年 1 美元 14 个柑橘)。我买柑橘是为了

① 就这一点论，权力不过是一种暗含这一委托决策的契约和一种已定的决策结构。如果没有国家的强制，这种强制会推行非自愿的组织形式，新古典定义应当是适用的。不过这个问题我将在考察有关企业的文献和考虑意识形态时作进一步的考察。

得到柑橘汁，因此，我需要的柑橘要含有大量的汁液（不是果肉），还要有酸味。我在交易中实际想规定的是一定量的橘汁，还要带有能产生我想要的那种味道的有机成分。柑橘为什么不按我刚好能得到我想要的那一种方式被出售呢？在某种意义上，柑橘的情况就是这样的。巴伦西亚的柑橘是多汁的柑橘，其出售不同于脐橙或其他食用柑橘。我从柑橘中得到的橘汁量和味道在费用上便不可能定得很低。如果估量出这些成分可以不付费用或所费甚少，那么，我会得到我想要的恰当的组合。反之，则要根据数量、重量、个头大小（体积和长度）来实现购买；于是为了查验是否符合这些客观的衡量特征，便要动用资源。

柑橘的销售者从批发商那里进货；他收到的篓子里的柑橘不是完好无损的。他不得不为这些柑橘赔钱，因为要是他想按原价把这些柑橘卖给我，我就会到市场上别的货摊去购买。总之，人数众多的销售者的竞争约束着他的行为。他会不会把少量坏柑橘塞到我袋子的底层，好让我到家前不会察觉？如果他预料不会再见到我，他兴许会这么做，因为这是他可以摆脱那些柑橘的唯一办法，否则便要受到损失。这正是我每周到同一个零售商店莫利斯那里购货的缘故。他知道，如果他把那种柑橘塞进我的袋子，我就不会再光顾他的商店。我作为一名老主顾是有用的；反复多次的交易约束了机会主义。在莫利斯方面，他接受我的支票当美元，则用不着查询我在银行是否有足够的资金支付支票，也用不着查询他用我的支票兑现得到的美元会不会被他的批发商或他想去购买货物或劳务的其他人毫无疑问地接受。

显而易见，不仅这一简单行为就其基本特征而言实际上是复杂的，而且我们也只考察了它们表面的现象。交易的基础——使交易成为可能——是一个法律及其实施的复杂结构。无论莫利斯还是我，都承认各自拥有的对柑橘和货币的所有权——并且都承认这些权利可以由法庭实施。莫利斯把一张纸作为对一定数量的其他资源的支配的合法代表加以接受，他知道，他可以用它来达到那个目的。简而言之，不确定性减少了，或完全被一种产权及其实施的公认结构消除了。

让我总结一下上述例证的含义。

必须能够按等级衡量一种商品的数量，因为它是专有财产并有交换价值。凡是衡量费用很高的地方，诚意便会成为一种共有的财产资源。衡量的技术和度量衡的历史是经济史的重要内容，因此，随着衡量费用的下降，交易费用也在下降。上面列举的 14 个柑橘，不完全代表预期的数量，即有一定味道的、一定量的液汁。区分柑橘或给柑橘分等级是健全管理的一个手段，但只要一种有经济价值的诚意的某些特征衡量不出来，在个人成本和社会成本之间便有差异。[①]

信息费用由于买方和卖方人数众多而减少。在这些条件下，价格体现着单个买者和卖者在缺乏组织的市场上得到同样信息需付出的巨大调查费用。[②]

机会主义受到人数众多的竞争（和交易个体化）的约束。在这个意义上，我们可以灵活地将机会主义看作是交易的一方通过他

① 参见巴泽尔（1974 年）和切昂（1974 年）。

② 最初的贡献是哈耶克提供的（1937 和 1945 年），也可参见斯蒂格勒（1961 年）。

或她的不合乎合同的行为，违反协议来牺牲另一方而使自己受益。

单个所有者的产权，通过在市场上订合同来转移，于是要求权利是专有的。[①] 权利不仅必须能够衡量，而且必须可以实施。转移过程有两个阶段需要注意。第一阶段，包括在没有交易时，规定和维持专有性的费用；第二阶段，含有与洽谈和履行交易合同及产权转移有关的费用。

国家作为第三方，通过发展一套非个人的法律实施可以降低交易费用。由于法律的发展是一种公共产品，便具有与之有关的重要规模经济。如果有一套法律存在，谈判和履行的费用便可大大减少，因为基本的交易规则早已清楚。

最后，在结束这一实例前，让我再说一点。即使莫利斯明白他不会再看见我，他大概也不会把坏橘子塞到我的袋底；至于我这一方，当莫利斯转过身去装袋子时，我也不会把两个橘子塞进我的口袋，即使没有被发现的可能。其原因在于，我们双方把交易看作是正当的或合法的，那种信念约束着我们的行为。这个问题将在第5章考察。

第 三 节

企业为什么代替市场，这是罗纳德·科斯在其论文“企业的性质”(1937年)中提出的问题。他把企业描绘成市场体系置于其

① 转移的权利必须是专有的，但我们应注意，诚意即劳务的出售并不含有无限的权利。当我出售我的房子时，新所有者在利用他的房子时也像我一样要受分区法的约束。我转移的是一宗具体的权利。

上，并由权力和指令来完成资源配置的一系列交易。阿尔切安和登塞茨在（1972 年）处理这同一问题时，着重说明了在联组生产（由专业化和分工引起）的收益使衡量投入变得困难的地方，检查投入具有重要意义；詹森和梅克林（1976 年）将检查的理由延伸到本主（一组产权的所有者）力图控制代理人（本主雇来替他们完成劳务的人）的行为，使之为本主的利益行事。科斯、阿尔切安和登塞茨的不同之处需作一些阐释。

按照科斯的看法，企业比市场交易的有利之处，在于减少了交易费用。（实际上，企业减少了一组交易——产品市场上的交易——而增加了另一组交易——要素市场上的交易。因此，企业的规模由边际收益与边际成本相等时的规模决定。）阿尔切安和登塞茨着重强调协同生产的生产收益，而这一点是科斯所忽视的；但他们后来都强调，协同生产的副产品将是敷衍塞责或欺诈行骗，因而检查是减少这些交易费用不可缺少的。①

威廉森（1975 年）和克莱因、克劳福德和阿尔切安（1979 年）强调机会主义在导致经济活动纵向合并中所起的作用。凡是资产比较明确而有可用准租金（定义为资产价值超过其次优用途）的地方，订合同的费用将上升，超过纵向联合的费用；我们看到，纵向联合会防止合同的另一方在关键时刻可能改变协议条款造成企业重大损失来把持一个企业。

阿尔切安和登塞茨（还有詹森和梅克林）强调，企业只是一个

① 不过如麦克马纳斯（1975 年）所指出，阿尔切安和登塞茨断言联组生产本身是问题的起因，则是不正确的。检查费用的产生，是由于衡量投入产出要付出代价。

合法的假设，一种合同关系的联结，而科斯则强调企业受权力支配。科斯的看法在某些方面与马格林一类新左派批评家的观点接近，后者证明（1974 年），由著名的斯密式专业化和分工带来的生产率增益并不要求企业是等级组织，还证明存在的原因在于，它是老板用来剥削工人的一种剥削工具。差异在于，科斯强调实际的交易费用得自企业（大概至少部分是由于权力的缘故），而马格林和其他新左派批评家则证明，由于企业带来等级制，而没有实际成本节约。不过，马格林的论点经不起推敲。如果等级森严的企业结构没有实际的成本节约，那么我们一定会注意与企业有效竞争的非权威性组织形式。既然在美国经济史上确实有过无数乌托邦式的、合作的或其他实验性的组织形式，因而我们推测，许多形式在与传统企业竞争中可能会保留下来。然而它们并没有保留下来，连偶尔的、对它们失败原因的考察都表明，妨碍这些非权威性组织形式存在的根本原因是交易费用问题。如果以上证据还不够，我们可以同样看看社会主义国家的许多试验。显然，等级制组织既有生产成本的优点（根据规模经济）又有交易成本的优点。①

第　四　节

让我们考虑一下在分析国家之前，我们能否使前两节的一些

① 与个人绩效相比，有一些心理实验证明并衡量出团体的敷衍塞责，参见拉塔尼、西尼阿姆斯和哈金兹的论著（1979 年）。

片段，成为一个关于经济组织的一般交易成本的框架。①

用在遵循上的资源费用随着组织经济活动的选择方式而有所不同。这些遵循费用包括可供选择的组织形式的衡量费用和履行协议的费用。显然，市场的衡量费用同等级组织的衡量费用适成对照。

市场以对消费者出售商品为主，既有主观的衡量因素（如产品的新鲜程度或橘汁的味道）又有所费不多但也不甚精确的客观衡量费用（如商品消费者用的可见的代用品——的重量、数量、颜色或等级）。当我们从橘汁转到诸如电视机、汽车维修工作质量或医疗服务质量等比较复杂的商品或劳务时，衡量的费用便大大增加，结果，我们往往要依靠诸如商标、招牌、担保单、信誉等各种替代形式；但关键的因素，是约束本主的竞争程度。

当我们转到中间产品和劳务，如制造汽车用的机床时，交易既可以是市场交易也可以是企业内部交易，但衡量费用不同。当交易包括市场购买时，竞争约束着销售者去适应有关合同的衡量规范，否则便要输给竞争者。因而销售者的货币收入直接与绩效相联系。当机床在企业内部组装时，为了使机床符合质量规格，也为了使企业利用诸如质量管理监督员和会计方法等检查手段来衡量绩效，仍需要有衡量。不过，工人现在作为制造机床的联组生产的一部分（是代理人而不是本主），其收入不再直接与他或她的生产活动相联系。市场不再直接对绩效起约束作用。假如衡量单个工

① 参见麦克马纳斯（1975 年）和巴泽尔（1980 年尚未发表的）对这里提出的论点所作的阐释。

人的产出(数量和质量)不需费用,那么市场确实会成为同样有效的一种约束,工人的收入将直接与其绩效相联系,而且工人将按他或她的产出取酬(按件取酬),而不是按投入取酬(按时计酬)。但由于衡量单个人的绩效需要费用(而且往往不可能有完善的衡量),敷衍塞责和欺骗行为十分普遍,工人们又都按投入取酬,因而为减少敷衍塞责,只得采用各种需付费用而不完善的检查手段。

履行一项合同也需费用:衡量合同的一方受到的损失或损害的费用,实施处罚的费用和对受损失一方赔偿的费用。

要衡量损失,先得衡量绩效;因而合同含有详细的规定,用以说明交易中表示绩效的那些特点。

对损失课罚和赔偿,不仅需要有法律、司法程序和履行,而且在很大程度上受行为道德伦理规范(即受明显可见的、法律的合法性和契约关系)的影响。在简单的尚未专业化的社会,个人交易依赖于实施这类行为准则,而契约关系明显的合法性则严重影响法官和陪审员。假如衡量是完善的,司法程序正好判给因契约被违反而受到损失的一方以"适当的"损失费,那么,机会主义就起不到它影响经济组织所起的那种作用。但是,司法程序是由统治者的代理人来完成的,他们本身不会完全受到约束,而要受他们自身利益以及他们对契约公正性的主观评价的支配。

因而履行是不完善的,特别是对未来价格和风险不能规定的长期契约一类协议的履行更是如此。① 在采用专门的实物资本或人力资本——能使阻滞或机会主义变得有利可图——的地方,履

① 戈德堡(1976 年)已经把这种契约关系称作"有关系的交易"。

行同样是不完善的。

家庭生产没有交易费用：既然个人为他们自己的效用函数制作他们的家庭产品，因而不需要有什么来代表主观衡量。虽然有完整的纵向合并，但是牺牲了专业化。

专业化和分工越大，生产过程从最初的生产者到最后的消费者所经历的阶段便越多，衡量的总成本便越大（因为每一阶段都要出现衡量）。组织形式的选择受产品和劳务的特点影响，也受衡量性能的技术影响。

等级组织取代市场，首先是因为（联组）生产有规模经济；但规模经济的出现，是以联组（代理机构）内单个成员绩效的衡量费用较高为代价的。"一个企业使外在效应内在化（即实现规模经济），是通过使个人的生产活动成为外在的或不受其生产所得的货币收入的支配"（麦克马纳斯，1975 年，第 346 页）。因此企业雇佣检查员约束代理人的行为，并减少敷衍塞责现象和欺诈行为。

等级组织也将在以下场合取代市场交易，在这些场合，专门的人力或实物资本投资使本主容易受到不符合契约的、机会主义的干扰，因为契约履行得不完善。凡是有大量准租金可用的地方，纵向合并便会使阻滞的可能性减少；不过，要有上述那种检查费用。

所有现代新古典文献都把企业当作对市场的一种替代来讨论。对经济史学者来说，这一看法是有效的；不过其用途有限，因为它忽略了历史的一个关键事实：等级组织形式和交易的契约安排都早于定价市场（如柑橘市场）。最著名的定价市场在公元前 6 世纪出现于雅典人的广场，但交易早在这以前一千年便进行了。我们现在有线索来说明这种早期的组织形式。

为了做到这一步，我们必须对卡尔·波拉尼和许多后来的作者所传播的混乱加以澄清[①]。波拉尼认为市场与定价市场同义。但显而易见，任何自愿订立契约的交易都含有市场，而且其形式受以上提到的那些重要情况支配。波拉尼有一个重要的失误，即认为任何对广场式市场的背离都意味非经济行为：连他在《大变革》(1957年)中看作是市场精神集中体现的年代，都具有不是定价市场的多种契约性安排。[②] 两种重要情况妨碍了公元前6世纪以前定价市场的存在。一种是本章的问题即交易费用的情况，另一种是国家统治者的福利最大化目标。

定价市场要求有完善规定和实施的产权。必须能够衡量产品和劳务的大小。此外，由此而产生的权利必须是专有的，还必须有维护产品交易的实施机制。由于缺乏规定完善的产权或不能预测在交易协定有效期内形势的变化，导致参加交易的人数不多，以及机会主义的可能性和不确定性，从而造成替代的契约性安排来减少附带的交易或生产费用。

第　五　节

以上的分析假定在短缺和竞争普遍的条件下，较有效率的组织形式替代效率较差的组织形式，还假定，可以预测将会存在哪些形式。即便出现了按契约理论运转的国家，也会修改组织形式，因

① 虽然波拉尼对经济学家影响不大，但他对其他社会科学家并在历史学家中有相当大的影响。

② 参见诺思(1977年)。

为任何征税形式都可能改变有关的衡量费用和相应的组织；不过，前一章阐述的关于国家的理论指的是很大的修改。

国家将规定章程，以使统治者及其集团的收入最大化，而后在其约束下，将发明一些章程来降低交易费用。非自愿的组织形式如果对统治者有利（如非自愿的奴隶制）将会存在；如果比较有效的组织形式从内部或外部威胁着统治者的生存（如今天苏联的集体农庄，或古典世界雅典谷物贸易的组织），[①]相对低效的组织形式也会存在。此外，统治者衡量征税的费用较低的那些组织形式，即使效率相对较低也会持续存在下去（如柯尔伯特当政时法国专利权的转让）。

不过，假定最初有这一约束，统治者将提供一组章程即公共产品并加以实施，以期降低交易费用。其中包括统一的度量衡规格，[②]一组鼓励生产和贸易的产权，一种解决争端的司法制度和履行合同的实施程序。

第　六　节

上述对经济组织的新古典研究，至少有两个方面的缺陷。

第一，由于选民集团能够得到国家的利益，对政治控制分配得越扩散，预测或解释将会发展的后起的产权形式便越困难。解释埃及古代王朝再分配社会的经济组织并不太困难，困难得多的倒

① 参见波拉尼关于雅典谷物贸易的叙述（1977 年）。

② 不过应当指出，度量衡的发明与使统治者收入最大化的目标是一致的。度量衡的历史，只有当我们认识到统治者利益居于优先地位时才能解释。

是解释现代民主社会的复杂的经济组织。在这种社会，许多利益在控制国家、变革产权进而改变经济组织中的互相竞争。①

一个更严重的问题是理论不完整，甚至偶尔查阅一下工业组织的文献都会证实这种情况。这种文献涉及单纯的自利与带有欺诈(投机行为)的自利；有时人们互相欺骗，有时不这样做；有时人们努力工作，有时又不这样做。诚实、符合道义的君子协议在契约性安排中是大量的；同样，普遍的怠工、欺诈行径、白领人员犯罪和故意破坏也屡见不鲜。

简而言之，约束行为的衡量费用是很高的，以至如果没有思想信念约束个人最大限度的追逐利益，经济组织的活力便会受到威胁。对合法性的投资需要的经济组织的费用与本章前几节所提到的衡量和实施费用一样多。的确，如上简述，实施的主要问题就是契约关系中的明显的合法性。

① 在《钟声》和《法律和经济学》杂志这类专业刊物上不断刊登的文献，为这种困难提供了充足的证据。

第五章　意识形态和白搭车问题

第　一　节

在前两章，我说明了新古典关于国家和经济组织的一些假定。我现在回到这些假定已经启发但没有解决的一个问题上来。

新古典模型将一个不对称的难题纳入其行为函数，因为，它既假定福利最大化，又采取霍布斯的国家模型，这一模型将制约行为，产生一种可行的政治制度。如果个人按第一个假定合乎理性地行动，那么，他们按第二个假定便要不合乎理性地行动。当然，同意建立一组支配个人活动的规则来约束行为，是符合新古典行动者的利益的：因此，认为霍布斯的国家是新古典模型的逻辑延伸的观点适用于国家理论。但是，每当个人对收益成本的算计支配这类活动时，不服从那些规则同样也符合新古典行动者的利益。不过，那种活动可能导致任何国家都无法生存，因为规则的实施费用，即使不是无穷大，至少也大得使制度难以运转。而日常的观察所提供大量证据表明，虽然个人的算计可能让他采取其他行动，但他仍服从规则。偶尔的观察也提供证据，表明出现了大量的变化，因为面对白搭车问题的逻辑，大团体活动便不可能发生。让我们用新古典术语来具体考察一下这个难题。

大量的个人行为，可以按新古典行为假定来解释——这是新古典模型的威力。白搭车问题确实可以说明，凡是不存在特定一方利益的地方大团体便不稳定。人民厌恶投票选举、匿名的自由献血不能为医院提供充足的血浆。但是迄今为止，新古典模型还不能充分说明正面的现象。大团体在没有明显收益补偿个人参与付出的大笔费用时确实在行动；人民确实去投了票，他们确实参加了匿名献血。我并不是在证明这些行为不合理——我只是想证明，我们所用的成本收益计算过于有限，未能抓住人民在决策过程中的一些其他因素。个人效用函数比目前在新古典理论中体现的简单假定只不过更复杂而已。[①] 社会学家的任务是扩充理论以预见到人民何时会像、何时不会像白搭车人一样行动。没有一个扩充的理论，我们便不能说明由大团体行为促起和完成的许多长期变革。

我们一方面看到人民在收益超过成本时不服从社会的章程，另一方面也看到，他们在个人算计理应使他们采取其他行动时却循章而为。为什么人民没有把乡村搞乱？为什么当可能的惩罚与收益相比显得微不足道时，他们并没有去欺诈偷盗？我且不谈产生于互惠的个人行为——例如，温良恭俭让的行为，这种行为在与我们接触的其他人的互惠行为中得到报偿。我讨论的是家庭和学校教育反复灌输的那些价值观念，它们引导个人约束自己的行为，

① 像帕森斯和希尔斯一类社会学家试图将一些广义的心理要素融汇到观念行为概念之中——特别是德基姆的社会应力要素。参见格尔茨（1973 年，第 8 章），他在一项自由推论式的探讨中，强调了符号和印象对观念形成的重要意义。

不采取像白搭车人那样的行为。例如，一个优美的乡村不管是否被我搞乱了，我都将得到它在审美意义上的好处；为了不搞乱就得付很大代价，而且我的行为对乡村质量的影响可以忽略。对社会学家们来说，问题变成我要承担多少额外费用而后才能成为一个白搭车人并能向车窗外抛啤酒罐呢？

我在政治组织部分提出过这个问题，但这个问题对于经济组织的生存同样十分重要。由于衡量的问题，个人劳动的数量和质量只能受到规章不完善的控制。计件工资不失为一种解决办法，但只适用于个人贡献能够付费很低地加以衡量而且质量不变的场合。用来衡量劳动产出的其他检测手段同样不完善。由于思想信念起作用的程度（可以减少不负责任），工人们有“勤勉的”、“努力工作的”和“凭良心办事的”与“怠惰的”、“磨洋工的”或“得过且过的”之分，从而造成了产量上的差异。

对不负责任适用的，同样可以适用于偷窃、欺诈、白领工人犯罪、虚报开支账目——一般投机取巧行为。目光短浅和缺乏想象力使新古典经济学家看不到即使有一套经久不变的规章、检查措施和处罚规定，在个人行为被约束的程度方面仍有巨大的差异。一个社会的健全的伦理道德准则是使社会稳定、经济制度富有活力的黏合剂。

如果没有一种关于意识形态的清晰理论，或更广泛意义上的关于知识社会学的理论，那么，我们解释现行资源配置或历史变革的能力便会有很大的缺口。除了不能解决白搭车问题这一根本难题外，我们也不能解释每个社会都能正当进行的巨大投资。这包括绝不能解释成人力资本投资或消费品的大部分教育制度。我们不能预见在利益集团的分歧消释后仍有很大的地方议员们的投票行为。我们也不能解释(在那里,终身任职和终身享有薪金,可以消除一般利益集团的大部分压力)独立法院系统作出的裁决,这些裁决往往违背大利益集团的压力。在解释上个世纪的宪法方面,用什么来解释长期以来司法上的重大转变和根本变革?同样,我们既不能解释历史学家们第一代都要重写历史的癖好(诚然可以夸耀这种癖好),也不能解释许多历史争论中充满强烈感情的内容。

在本章的其他地方,我来探讨这些问题。而在一开始我必须先声明,像知识社会学理论那样重要的东西尚未出现。我们离这样一种理论还有一大段路,而本章更切近的目标,是指出某些问题和强调某些尝试性的假设,这些假设对于试图从我们陷入的理论禁区中挣脱出来的经济学家、历史学家或经济史学家可能有用。此外,我之所以特别强调白搭车问题,是因为这个问题在解释历史上的政治和经济组织的结构和变革方面,起着十分重要的作用。

以下依次探讨意识形态的本质、意识形态的变革和成功的意识形态的特征。第五节考察意识形态对经济学和经济史的含义,并为一个实证理论提出某些假设。

第　二　节

知识社会学涉及的是如何获得知识。[①] 就其最基本的意义而

① 伯杰和勒克曼的著作(1966 年)对这个问题有很好的讨论。

言，它是前理论的，即个人的日常行为受一组习惯、准则、行为规范所支配。这些习惯、准则和行为规范最初得自于家庭（初级社会化），而后得自于教育过程和教会一类其他制度（次级社会化）。而当我们把日常生活看作是受"常"识支配时，这样的知识便基本上是理论的了，而意识形态是使个人和集团行为范式合乎理性的智力成果。事实解释不了我们周围的世界；解释需要理论——不一定是自觉的、清晰的理论，然而得是理论。理论不能被证明是"正确的"，理论只能用证据来驳倒。而用来解释我们周围世界许多现象的理论却是对立的。也不存在最后的验证，除一种解释外将其他一概排除。

经济学的选择理论方法假定，在进行选择时，价值观念是存在的，而且是确定的，人民只是在有效利用信息的意义上合理地行动。这第二个假定是新古典派的锐利武器，因为信息费用对理论冲突的持续至少作了部分解释。假定对投票作了成本收益计算，投票者为获取验证各种对立解释所必需的信息以便能将选择与预期结果连接起来便是完全不值得的。此外，连专业社会学家得到的信息也存在着对立的理论。简直没有可用作最后验证的证据来排除对立的解释。显然，意识形态是普遍存在的，不限于哪个阶级；而且与"虚假的意识"无关，因为意识形态是指某种"真实的意识"，它并非拥有一个方面。重要的是强调意识形态的三个方面。

1. 意识形态是一种节省的方法，个人用它来与外界协调，并靠它提供一种"世界观"，使决策过程简化。

2. 意识形态与个人所理解的关于世界公平的道德伦理判断不可分割地交织着。这一情况显然意味有几种可供选择的方案——

几种对立着的合理化或意识形态。关于收入“适当”分配的规范性判断便是意识形态的一个重要部分。

3. 当个人的经验与他们的意识形态不一致时，他们便改变自己的思想观念。实际上，他们试图提出一套更“适合”他们经验的新的合乎理义的准则。不过，在这里强调与托马斯·库恩的发现有一点相似之处是很重要的。在《科学革命的结构》(1962年)中，库恩着重指出，在“常规科学”和科学根据之间总是存在着某些异常性，还指出，需要将这些异常性累积起来以促使科学家接受新的型范。这一点与意识形态相似：经验和意识形态的矛盾必须先积累，而后由个人来改变其意识形态。对新古典理论来说，含义是很重要的。有关的一套价值准则的单独变化不能改变个人的观点和决定，但违背个人合乎理义准则的持续变化或其福利的重大后果的变化，则会促使他改变意识形态。

第 三 节

根据上一节，我们应该能够用严格的经济学术语来预测意识形态的许多变化了。贝克尔和斯蒂格勒(1977年)正好研究了这个问题。他们认为时间价值、人力资本等后果便是决策。例如按严格的机会成本概念，人们可以预测一个年轻的成年人的意识形态应不同于一个中年成年人的意识形态。但是贝克尔和斯蒂格勒的方法太受限制，不能说明大多数的意识形态。其原因有二。首先，对大多数合理化或个人拥有的理论来说，没有最后的验证据以决定替代选择的结果，个人的经验并未为贝克尔—斯蒂格勒方法暗含的明确选择作准备。根据经验采取不同立场的人民对于周围世界有不同的、合乎理性的准则和观点，而且对于这些不同的观点既没有确定的坚持，也没有确定的拒绝。

其次，贝克尔和斯蒂格勒都忽视作为个人思想构成的一个完整部分的伦理道德判断。对于“制度”公平或正义的判断，是每个人的意识形态所固有的一部分。尽管这一判断超出每个人所面临的交易的特定意义，然而这些意义对评价制度的公平性是极重要的。例如，我提出相对价格的四种变化，这些变化将改变个人对制度公平性的观念并导致他或她的思想观点发生变化：

1. 否定个人资源增长的产权方面的变化，而在此之前，个人资源增长已被看作是符合惯例的或合法的（如圈占公有地）；

2. 要素或产品市场的交易费用从合理的交换率下降；

3. 个别劳动集团的相对收入地位下降；

4. 信息费用减少，使个人发现在别处可能有不同的、更有利的交易条件。

我完全意识到将公平概念引入产权文献有多么困难。个人怎样获得合理交换率的概念以及合理比率在哪一点上变成不合理的呢？如果概念对作出选择的方式无关紧要，那么我们在试图使人们确信他们立场公正或不公正方面便陷入困境，难以对整个历史上投入的大量资源作出解释。确有几种使我们周围世界合乎理性的原则在互相竞争着，这正是历史的基本要素，因为很久以前伯里克利的修辞学就是在他争取雅典公民的支持、反对西蒙的斗争中发明的。这一要素从那时以来一直支配着历史上的冲突。而贝克尔和斯蒂格勒则置基督、穆罕默德、马克思以及 1980 年的霍梅尼于不顾，没有提到历史上的其他许多思想来源。

没有知识分子指引思想也可以发展，只不过知识分子很少这么做。我不打算就产生我称作意识形态的知识企业家的报酬制度加以分析；无论如何，每当由于不同经验而大相径庭的关于我们周围世界的观点发展时，企业家便涌现出来。

意识形态不同起源于地理位置和职业专门化。首先，地理位置指所处的经验地带具有与其他地区所不同的语言、习俗、禁忌、神话、宗教，乃至意识形态。这些种族的差异至今犹存，从而产生出冲突的意识形态。

职业专门化和分工也带来不同的经验并产生出各种相互冲突的现实观。马克思认为，“意识”依赖于人在生产过程中的地位，这一见解是解释“阶级意识”发展方面的一项重要贡献。

第　四　节

无论意识形态证明现存产权结构和交易条件正当也罢，或者攻击现行结构不公正也罢，都必须具有以下讨论的特征才算成功。

因为意识形态是由一种有内在联系、通观世界的看法构成，它应当说明现存产权结构和交易条件怎样成为一个大系统中的一部分。它对于按与这组合理性原则相一致的条件解释过去，同样也很重要。如果像历史学家所说的每代人都重写历史，历史便不是典型的，因为后来的证据发展了明显可以驳倒先前假设的验证，而且，因为人们把重要性之不同归因于现有证明材料提供的与当前意识形态一致的解释之不同。我并不想说历史学家从未发现新的证据；他们显然有这样的发现，并且就这种证据提供对先前假设验证的意义而言，历史知识的状况有了进展。然而，就是在拥有大量信息的现代社会，学者们对复杂庞大的假设（解释长期变革所含有的假设）进行明确验证的能力仍很有限。因而彼此对立的解释往往有一种严重的意识形态倾向。马克思主义者将经济史写成一部阶级斗争史；自由市场思想家把历史写成有效率的市场的发展。对于工业革命时期的生活标准或美国奴隶制状况一类历史题材的激烈争辩，是不能像纯学术讨论那样完全讲清楚的。它们确应被理解成总看法的一部分，照这一看法，历史乃是敌对意识形态的一个战场。我不是在论证——像我将在下面要阐明的——全部历史或社会科学的理论化只剩下意识形态。我证明，在最后验证彼此对立的解释是不可能的意义上，将会有许多关于过去的学术性解释——和解释现在的理论。

成功的意识形态必须是灵活的，以便能赢得新团体的忠诚，或随着外部条件变化也得到老团体的忠诚。

随着上个世纪实际工资的提高及半无产者和蓝领工人在劳动力中所占比例的下降，马克思主义意识形态已经与这一看来与卡尔·马克思的分析相矛盾的现象适应了。与马克思主义关于剩余价值和失业后备军的正规理论相反，马克思主义意识形态试图说明这些变化（和美国缺乏阶级意识的现象），并同时得到由于看出自己地位不公正而作为马克思主义后继者的新团体的补充。一个灵活的理论必须吸引少数民族、妇女和近来的第三世界的人民。可以预见，结果是大量新理论试图将这些团体纳入马克思主义的意识形态中，同样还可以预见，在马克思主义者中间，对"修正"理论会发生争论。

关于自由市场的意识形态，由于近年来认识到广泛存在着外在影响和发展了资源配置的非市场形式，也面临了同样的危机。在这里，也发展了新理论来解释这些现象；但与马克思主义相对照，自由市场意识形态没有在一个综合了社会的、政治的和哲学的（不是指抽象的）理论的框架里发展。① 因此，它在争取获得处于这些变化条件的团体的忠诚方面，便遇到了严重的困难。

最重要的是，任何成功的意识形态都必须克服白搭车问题。其基本目标是为不按简单的、享乐的、个人对成本收益算计来行动的团体注入活力。这是主要的意识形态产生的重大推力，因为没有这种行动，无论维持现存秩序，还是废除现存秩序都不可能。

维持现存秩序的成本反而与现存制度的明显的合法性有关。在参与者相信制度是合理的范围内，实施规章和产权的成本由于以下简单的事实而大幅度下降，这就是甚至当私人成本收益算计认为不服从规章或违反产权是合算时，个人也不会这么行动。如果人人都信奉个人住宅“不可侵犯”，房屋便用不着关闭，即使空闲也不必担心盗窃或有人故意破坏。如果一处优美的乡村被认为是一种公共“产品”，人们便不会去搞乱它。如果人人信奉政治民主的价值，他们便会出于公民的义务去投票。劳工会努力工作，而管理部门会孜孜不倦地关心所有者的利益；契约不仅会受到法律文书而且会受到发自内心的尊崇。如果将问题准确地表述，使人民成为白搭车者所必需的额外费用与现存制度的明显合法性有关

① 冯·米塞斯和哈耶克的奥地利学派是这一论述的部分例外。

系。一个社会的教育制度，用狭隘的新古典术语是不能简单地解释清楚的，因为其中许多情况显然是指反复灌输一套价值观念而不是对人力资本投资。虽然最近的马克思主义文献强调美国教育制度的这一价值观念灌输的方面，但某些马克思主义作者显然忽略了这一点并不是“资本主义”所独有的。对合法性投资是苏联和中国社会的一个更突出的特征。诚然，在中国的共产主义中，这种投资既支配正规的教育机构也支配非正规的教育机构。无论新古典经济学家们忽略（或未领会）每个社会的本质部分也罢，或者他们是正确的也罢，每个社会对合理性进行的巨大投资都是多余的支出。

如果主导的意识形态试图让人民将公正想象成与现存规章同样久远，进而从一种道德意义上服从这些规章，那么一种成功的、对立的意识形态的目标则是让人民相信，不仅明显的不公正是现存制度固有的一部分，而且一种公正的制度只有通过个人积极参加变革制度才能产生。成功的、对立的意识形态不仅应提供一幅可信的图像，显示不同集团已觉察出的明确的不公正同知识企业家希望改变的大系统之间的联系，而且应提供摆脱这些不公正的乌托邦计划和行动的指导原则——个人通过适当的行动以实现那种乌托邦计划的途径。马克思主义关于阶级意识、阶级团结、意识形态和知识分子作用的浩繁文献充分说明，马克思主义革命者意识到白搭车问题已成为马克思主义理论和革命实践的非常现实的问题。

此外，偶尔的发现表明，普遍存在的个人行为范式只是用道德义愤作为成本收益计算中的一种收益来装备。抗议运动，可能遭到监禁或发生死亡的个人活动，在历史上已司空见惯，毋庸赘述；至于在充斥着诸如哈壳联盟、苏联知识分子们和1978—1979年伊朗穆斯林暴徒等形形色色团体的现代社会，这些情况也同样很明显。

第五节

从关于意识形态的这一讨论中，我想归结出几点对经济学和经济史的含义并提出几个假设。简言之，首先采用意识形态概念并不贬低经济理论在引出对竞争假设的可驳性验证的意义上能够是科学的。其次，一方面实证性意识形态理论的发展对解决白搭车难题必不可少（而且这种解决对社会科学理论化的许多方面的进一步发展也很重要），另一方面，它对说明非市场资源配置的理论的进一步发展同样是必不可少的；此外，它在解释许多长期变革方面也是很重要的。现在让我就这些想法作一些说明。

既然意识形态是普遍存在的，学者也不能不像其他人一样受影响。正如熊彼特于1948年在他当选为美国经济学会会长时的致词中所说的，经济学家按一组思想信念来处理问题，这组信念影响着对挑出来的问题的选择和最初对问题的态度，但是，如果经济学家发展出能够提供可驳性检验的理论，便有可能使学科得到科学意义上的提高。[①] 因为经济学家很少能完全成功地提出明确的反驳使意见完全归于一致；结果各种理论和假设始终与新古典经

① 参见熊彼特的“科学与意识形态”（1949年）。

济学并存；但是贬低新古典方法的人忽略了新古典主义已经就资源在市场上的配置提供了令人信服的解释，致使这个问题不再成为学术讨论的争论之点。简言之，新古典经济学充分地揭示出市场关系的许多方面，我们不过是忘记了这样一些发展有多少科学贡献罢了。

涉及本主之间以及本主与代理人之间契约关系的经济理论，必须着眼在使约束契约双方的必要费用合法地成为适当的制度。在没有任何办法尽量减少困难的情况下，一种实证的意识形态理论对进一步发展交易费用分析是必不可少的。约束性的最大化模型因限于规章及其实施的制约，留下了一个只能通过调节伦理道德准则的力量来缩小的很大的后遗症，伦理道德准则决定着个人作为白搭车者从事活动所需要的费用。一个社会的专业化和分工越大，与交易有关的衡量成本便越大，发明有效伦理道德准则的成本也就越大。这一自相矛盾的难题，乃是发源于第二次经济革命的近代社会的许多问题的根本原因（留待第十三章探讨），因而对经济理论的进一步发展也十分重要。

资源配置通过政治和司法程序来进行，便为思想信念支配决策过程提供大量的机会。最近一些研究表明，对立法选举行为最好的预测，不是任何明显的利益集团而是美国人用来衡量民主活动的思想信念和其他评价体系。[①] 利益集团压力不会不是政治决策的重要来源；这些压力当然是政治决策的重要来源，而且公共选择理论是探讨决策过程的一种有用的工具。更确切地说，立法者、

① 参见考和鲁宾(1979 年)关于文献和证据的一份摘要。

管理者和行政部门面临许多选择，这些选择使意识形态在一定场合得以成为决定性的因素，这些场合便是思想信念的成本很小或可以忽略，利益集团在某个问题上相持不下，或成本收益太分散，结果轮到个人太小，以致把大量资源用于利益集团压力对任何个人或集团都不合算。最后，强有力的思想信念可以并确实经常使政治决策者作出与已经形成的利益集团压力相违背的决定。

但更重要的是，利益集团本身的构成和活动，用排除思想信念的利益集团压力是解释不清楚的。在确认利益集团压力反映了相当多的参与者的实际个人净收益的某些场合可以解释这种行为；但在许多场合是不能解释的。近代环境运动就是这样的一个事例。

关于意识形态的主导作用，有一个最明显的例子，那就是独立的司法制度。终身任职的法官，相对不受利益集团压力的影响。他们最初的任命确实可能反映这种压力（虽然往往根据主要思想立场）；但是他们后来对一系列政策所作的决定反映他们自己对“公益”的信念。如布坎南（1975 年）和诺思（1978 年）已经指出的，用利益集团观点（兰德斯和波斯纳，1975 年）来解释独立司法制度所作的尝试是完全不能令人信服的。米兰达判决，实际还有沃伦法院的许多判决，不仅是法律进步对一个冗长判例作出的改判，而且是对直接利益集团的违反。此外还有一些例证，如法院支持学校出车接送学生和博尔特法官就印第安人享有在华盛顿州捕鱼权所作的判决；这类司法判决确实太常见了，反映法官对公益看法的报告天天可见。一种实证的意识形态理论对于分析独立司法制度在影响资源配置中所起的作用，是必不可少的。

解释长期变革同样急需一种实证的意识形态理论。适用于经济发展和经济史的新古典经济学，可以很好地说明某一时期经济的成就，或借助比较统计资料来比较经济在一个时期的成就；但它没有，也不说明变革的动力。经济在一个时期变化的主要原因是经济学家历来坚持的那些参数的结构改变——技术、人口、产权和政府对资源的控制。政治经济组织的变革以及后来它对激励的效应，对于将结构变革的这些原因加以理论化是首要的；而制度变革指人类有目的的活动。目前的理论除了相对价格变动引起自动迅速的反应一类常见的事例外，并不打算解释这些变化，而制度是指既得利益有受益者也有受损者，两者要集结资源来拥护或反对预期的变革。受益者对受损者很少给予补偿，而双方为冲突用去的资源按照成本收益则几乎不可能说明。我无意否定曼库尔·奥尔森（1965 年）就强权周围的团体行为和成员只能得到有限利益所作的解释。这对许多像美国医学会、工会或农业社一类团体行为是正确的。不过，奥尔森本人承认，他的理论解释不了各式各样的团体（奥尔森，第 160—163 页），虽然就明确贬低意识形态在“稳定、秩序良好、冷漠而思想僵化的社会”的意义而言，他夸大了自己的例子。[①] 他指出农业保护运动的不稳定性不具有有限利益，然而，他忽视了按他的模型保护运动根本就不该存在。他不承认这

① 奥尔森：第 162 页。引号内的引文是丹尼尔·贝尔 1960 年出版的一部书的标题。但只有当我们认为贝尔的标题意味着像美国马克思主义这样大规模综合的意识形态衰落了，它才有意义。但这段话全部含义为，随着现代信息费用下降，意识形态已变得更加支离破碎，知识企业家不能将它们拼接成一个单一连贯、能赢得大批民众的意识形态（不过 1979 年伊朗的穆斯林运动除外）。

些保护运动严重影响了政治和法律政策：实际上，这些运动的大多数目标最后体现为新的法律解释（包括芒恩对伊利诺伊斯的诉讼），也体现为民主党的纲领。另外，他对于在当今第三世界国家占优势的反市场思想、被他归入不稳定国家的群众运动或“革命和动乱”时期所作的解释（第112页），也使我们感到惊异。

简单的事实是，一个动态的制度变革理论因限于新古典主义对个人主义的、合乎理性的和有目的的活动的严格约束，使我们不能解释从古代犹太人的顽强斗争直到1935年通过社会保险法其间大部分的长期变革。长期的经济变革之所以发生，不仅因为新古典模型所强调的相对价格变化，而且由于意识形态观点的演进，使个人和集团关于其地位公平合理的看法大相径庭，结果他们各行其是。

第六章　经济史上的结构和变革

第　一　节

在整个历史上，知识存量的累积大体说来是不可逆转的，但人类的经济进程便不是这样：政治经济单位——且不提整个文明世界——的兴衰肯定是无可置疑的。这种不同表明一个重要之点——那就是人类组织的成功和失败说明了社会进步和倒退的原因。知识和技术的进步是必要的条件，但是我们要想有效地探讨经济兴衰的原因，就必须撒开大网。在这一章，我将把前几章的思路聚拢起来，并利用这个灵活的框架提出关于西方经济史的总看法，以便为第二编的历史各章布置好舞台。经济史学家用来工作的唯一建筑材料不外乎古典主义、新古典主义和马克思主义理论，因此，我从选择对这一理论框架有用的那些理论结构的要素开始。

且从我们在第一章论述相对价格变化——人口增长——对经济的效应时停住的地方说起，我们看到，新古典派的结论是一系列的调整，调整完成时便达到了一种新的均衡。影响长期增长道路的基本力量仍将由已储蓄收入的函数决定；人均增长率是当时人口增长率的结果。试将这一模型与马尔萨斯和李嘉图的古典模型加以对比。古典模型的结论是悲观的，因为存在着一种固定的要素——土地和资源——如果再加上人口扩张的普遍趋势，将导致长期最低工资趋势。无论是新古典经济学的乐观模型还是古典经济学的悲观模型，都对经济史提供了有力的洞察。前者以其新知识的弹性供给曲线和全部边际替代能力，接近于第二次经济革命以来西方经济所经历的前所未有的增长。后者则将经济史置于人口和资源基础之间持续的紧张状态，因而不失为一种探讨 19 世纪中期以前一千年间人类经验的颇有裨益的出发点。

这两种模型都有不完善之处。最原始的新古典模型——具有中性国家、零交易费用和不变偏好等试验条件——只有在大体上接近这些试验条件时，才能起到分析框架的作用，虽然体现实际交易费用的修正形式和一种国家理论给我们提供的只是理论的某些部分。古典模型没有提供摆脱悲观含义的出路。虽然像埃斯特·博塞鲁普曾令人信服地证明(1965 年)，人口有时刺激新技术的发明(只是她没有提供理论上的中介，来解释一种固定要素如何克服收益递减)。

很难将马克思主义模型加以约束，因为似乎有多少马克思主义理论家，几乎就有多少对马克思的解释。马克思把技术变革而不是把人口增长看作是变革的原动力。他批评了马尔萨斯的观点，后者认为，人口往往在生活资料限度内生殖并将出生率看作是由文化来决定的。[①] 在马克思主义模型中，技术变革是现存经济

① 参见米克(1953 年)关于马克思和恩格斯对马尔萨斯看法的论述。不过萨缪尔森指出，如果马克思的模型再加上土地和自然资源的限制，那么像斯密、李嘉图和马尔萨斯提出的那种古典模型便告终了。参见保罗·萨缪尔森(1978 年)。

组织内其潜力不能实现的生产技术的先导。结果促使新阶级推翻现存制度，并发展出使该阶级得以实现新技术潜力的一组产权。

马克思主义的框架之所以是目前对长期变革最有力的论述，恰好是因为它将新古典框架舍弃的全部要素都包括在内：制度、产权、国家和意识形态。马克思之强调的产权在有效率的经济组织中的重要作用以及现存产权体系与新技术的生产潜力之间紧张关系在发展的观点，堪称是一项重大的贡献。在马克思主义体系中，正是技术变革造成紧张状态，而变革又是通过阶级斗争实现的。

马克思主义模型的局限性，在于没有一个理论解释技术变革率，还在于在无视其他变革原因的情况下对技术的强调。[①] 例如马克思轻视人口变动在历史上的重要作用。马克思不想让人口变动在他的模型中起重要作用是可以理解的；但是一个马克思主义模型要是吸收人口增长则将大大提高它的说服力。单独的技术因素几乎不能解释许多长期性的变革，在这些变革中，技术似乎没有重大的变化，或技术变化似乎没有要求重大的组织变革来实现其潜力。

另外，阶级作为基本行动单位，这个集团太大了，内部情况也很不一样。马克思在许多非正式的分析中承认这一事实，并对资产阶级或无产阶级中间的不一致状况加以讨论，不过，那种讨论相当于特定的推论。新古典经济学的个人主义算计不失为一种更好的出发点。利益的共同性决定的聚合，使模型更具有弹性而又不

① 参见罗森伯格（1974 年）对马克思关于技术的一些深刻看法——探讨对技术知识的需求和供给——所作的阐释。

损害一致性。聚合体确实可以大得像一个阶级——就像成员们认为他们自己有共同利益的情形，这种强调利益的共同性也使人们得以探讨一个阶级内的冲突，实际上这种冲突可以解释为数甚多的长期变革。不过，无论马克思主义方法还是新古典方法，都没有解决白搭车问题，这个问题对解释集团活动是至关重要的。

新古典经济学拥有机会成本工具并着重于相对价格，是一种比建立在劳动价值论上的马克思主义模型远为精确的分析工具。如第四章的分析所试图阐明的，吸收了交易费用概念的扩展的新古典分析，提供了一种用以分析经济组织和探讨现存产权结构与一种经济的生产潜力之间紧张关系的重要的理论工具。

但是前几章所提出的交易费用和产权方法，具有完全不同于许多标准新古典文献的含义。不仅没有经济组织必须是“有效的”含义，而且所强调的是由于衡量不完善和实际的实施费用一切组织都要损失收入。在国家统治者的利益和经济组织的实际交易费用为既定的情况下，促使经济增长的经济组织毫不奇怪通过以下方式可以很好地做到这一点，那就是使收益内在化和使成本外在化，从而依靠将成本摊给社会其他团体来提高“生产性”经济活动的个人收益率。理想化的国民收入核算当然要考虑全部社会收益和成本。但是理想的和我们当前在经济史中所用的这两者之间差距如此之大，以致我们离真正决定许多投资和经济活动的社会收益率——我们按照惯例将它与经济发展联系起来——还相当远。

在新古典主义和马克思主义的推理之间，还有一点不同也很重要。新古典模型的变化是相对价格变化引起的边际变化。新古典模型的存量和流量间的关系对经济史学家是很重要的。存量反映由来已久的对知识、技术、实物资本和人力资本的限制，只能在一段时间内渐渐地加以改变。根据这一方法，有效地得出历史经验必要的连续性和经济变革的渐进特点。另外，改变相对价格这一长期变革的力量的意义也不易过分强调。

一方面，影响经济绩效的存量只能缓慢地增长（虽然存量很容易急剧减少），另一方面，改变国家控制的革命很难服从于新古典方法，而意识形态在新古典框架中也不起什么作用。如上所指出，与新古典方法相比，马克思主义框架则将一种对长期变革的更复杂的分析纳入它的框架之中。①

第　二　节

给我们留下的都在哪里呢？如前几页所阐明，这些模型是根本不同的（虽然共同起源于古典派关于福利最大化行为假定的经济理论）；但在前五章，我已经将它们的思想都吸收到我自己的框架之中。让我们利用这一框架对人类经济史作一简略说明，以便了解在第二编我们在哪些方面有进展，而后再强调哪些内容仍旧被忽视。

我们首先介绍人口增长，这似乎是过去一千年间一种普遍的长期趋势。由于技术不变，结果最后出现马尔萨斯危机。此外，只

① 最近马克思主义者探讨长期变化的研究，如佩里·安德森的《从古代到封建制度的过渡》（1974 年）已经表现了许多可能是由这一框架得出的有价值的见解。另外，最近某些马克思主义者的研究已开始正视白搭车问题。参见 A. 布坎南的论著（1979 年）。

要所有资源都是公有财产，改进技术（如在狩猎和采集环境中发明弓）只不过导致更快地耗尽资源基础。收益递减和生活标准下降可能会带来阻止人口增长的后果，虽然由于部落群之间的竞争，这种后果就大部落群会把小部落群排除在资源之外的意义而言，也许是不合理的，但它们确实带来了一个部落群对一个地区的专一产权，结果，获得资源知识的收益率上升。其结果就是第一次经济革命，这是第二编第一章的主题。

专一的公共产权的发展，导致专业化和分工的扩大和一种规定、裁决和实施产权的特殊组织形式——国家——的出现。未能解决的是，究竟国家是作为一种进攻和剥削乡间村民的掠夺性团体而发生的（国家的一种掠夺性起源）；还是从乡间村民对组织的公共需要而发展起来的（国家的一种契约性起源）。更有意义的是，一个在强制方面具有比较利益的团体，从长远看，其后果便是产生了一个国家，一方面发明出一组使统治者收益最大化的产权，另一方面，在那个框架内，发展一套旨在提高经济效率从而增进税收的法律及其实施机构。

自然地理条件、地区资源和国家的军事技术在决定国家的规模和特点以及在塑造经济组织的形式方面，起了决定性作用（假如决定检查机构费用的衡量技术和业已发展的产权形式为既定）。从农业起源到罗马帝国衰落其间经历了八千年，这一阶段特点是人口增长、愈益复杂和有效的经济组织形式的出现以及国家规模的扩大。第一次经济革命在组织意义上的作用留待第八章讨论。

与部落社会公有的经验和意识形态相比，在历史上，专业化和分工的扩大产生了不同的经验以及随之而来的不同的“现实”结构，在与分工有关的产出的分配（即收入分配）上发生了冲突。政治经济单位的成功与意识形态的发展有关，这些意识形态令人信服地将现存产权结构及相应的收入分配合法化了。如果这些结构是在一场广泛的宗教运动中建立的，那是最成功的；统治者与神合为一体（如在法老的埃及）是最令人信服的合法形式。

维持一种思想一致的成本与信息费用有相反的关系，而与相对价格稳定有直接的关系。虽则一个统治者能有效地控制前一种情况，但由于前几章提到的理由，却远不能控制后一种情况。选民群体的相对福利如果从合理点下降，将导致对现存经济秩序正当性的再评价。这样，立足于这些互不相容的群体之上的思想企业家，便有机会来建立一种相反的意识形态。这种意识形态如果要使各群体活跃起来变革现存经济秩序，就必须克服白搭车问题。正如一种政治经济单位的兴起在历史上与价值准则的一致有关，它的衰落也与共同的价值体系的瓦解有关。

八千年间出现了周期性人口压力和对它的反应，如努力降低出生率、殖民以及创造更有效的制度和技术。有些周期是成功的；例如公元前 5 世纪的雅典、4 世纪的罗得斯，或者公元后头两个世纪的罗马帝国。在这些周期中出现了空前的繁荣，经济有大幅度的增长。但是雅典后来被斯巴达击败，最终被并入罗马帝国。罗得斯在罗马的猜忌下遭到毁灭，它对东地中海贸易的称霸历史，也以罗马建立德洛斯为自由港而告结束。至于罗马本身，最后也被野蛮毁灭。无论衰落是由外部引起或通过内部腐朽而由内部引起，根源都在于城邦之间的冲突或政治经济单位结构所固有的内在不稳定性。古典时代，有些变革可以按相对价格来解释，而有些变革需要把意识形态的一些重要因素考虑进去。特别是大规模的宗教运动——从犹太人的抵抗到基督教会的大分裂——引起的变化，需要有一个意识形态的变革区分开来，但无论何种情况，都不否认在经济变革中一直都含有这两种因素。

从一万年的经济史角度看，罗马的衰落不过是漫长的文明兴衰演进过程中的一个插曲。但从西方历史的角度看，罗马的衰落对经济增长、对日益复杂的经济组织、技术进步以及政治经济单位规模的扩大则是一次显著的破坏。秩序之岛只得逐渐在西欧漫无秩序的大海中再现。

再者，正是军事技术及其变化，支配了政治单位在规模和结构方面的变化。一个武士阶级建立有生气的经济组织的能力，受到土地和劳动力的相对价格以及交易费用的制约。封建庄园制度的出现导致贸易的复兴和人口增长，也引起了 14 世纪的危机。军事技术的变化使封建贵族逐渐落伍，还导致适度规模的政治单位的增加和（与相对价格变化一道）产权的根本变革。封建制和庄园制的兴衰留待第十章讨论。

从封建制度终结到工业革命这段时期，是地理大发现和商业扩张的时代（17 世纪），也是国家控制发生危机的时代。地理大发现和商业扩张的后果，最终是使世界上的其他部分与西欧的扩张的经济融为一体，并将母国的各种产权结构强加于它们的殖民地，对这些殖民地的活力产生了长远的影响。在国家控制上发生的冲突，有不同的后果，不仅造就出产生了比较有效的经济组织形成的国家，而且创造出在相对或绝对意义上都已衰落的国家。统治者和选民的相对议价力量在这些后果中具有决定意义。西欧的扩张和西欧国家的危机留待第十一章讨论。

工业革命通常被经济史学家看作是经济史的分水岭。它是不是一场革命？第十二章列举的理由是，市场规模的扩大导致专业化和分工的发展，从而导致交易费用增长。增长引起经济组织的改变，又降低了技术变革的成本和加速了经济增长；这些变革为更大的变革即第二次经济革命铺平了道路。

19 世纪后期，科学和技术的结合是一场与农业发展意义相等的革命。第一次经济革命之所以是一次重大的变革，原因在于，它使有效资源基础的扩大成为可能，并且通过产权提供的动力刺激使改进该资源基础的个人收益率得到了提高。人类在第二个一万年里，已经使那场变革产生了效果。众所周知，这个阶段出现了一次又一次马尔萨斯危机，但由于发明了更有效率的经济组织和技术变革，一次次的危机都被克服了。而最终毕竟有一个相对固定的因素。技术的进步最后依赖于科学的系统发展，这就要求提高“纯”知识的收益率。不发展科学，人口增长将最终导致不能在成本不变的基础上进一步扩大资源基础。

第二次经济革命产生了新知识的弹性供给曲线、资本密集型技术，以及进行经济组织剧烈变革以实现该技术潜力的必要性。与在此以前和以后为延长生产和分配过程的系列而增加衡量和实施规章的费用相比，它是大得多的专门化，因而需要有新的组织形式来约束本主和代理人。但专门化也造成了意识形态的多样性，第二次经济革命的深远后果，一方面是异化和政治不稳定性，另一方面，是在发明有效率的经济组织中不断出现的问题。第二次经济革命及其组织含义将在第十三章予以讨论。

在第二编最后一章，我将比较详细地探讨结构改革——特别是政府的发展——作为第二次经济革命的后果是怎样在美国出现的。

在第三编里，我将对第一编的理论和第一编的理论在经济史中的应用加以归纳，并提出制度变革理论的一些要点。

第　三　节

在我们进行历史尝试前，强调一下我描述的理论部分所忽略的内容很重要。我在理论部分并未建立一种经济史理论。这种理论只能从人口统计学、知识存量和制度等理论与新古典生产理论（第一章）的融合中产生。我已经试图做的，首先是对经济史学家提出的问题重新组织，以便至少使他们能公正地对待经济史所说明的任务，其次提供一组相互联系的假设，使我能表明这一方法的前途。主要的缺陷则可以清楚地说明如下：

1. 没有关于人口统计变化的理论。本书的重点在于政治的和经济的制度，因此，我只能就人口统计变化提出几点与历史根据一致的看法。

2. 没有关于军事技术发展的理论，正如论国家的那一章和以上概述所表明的，军事技术及其变革对历史上国家的结构和规模有重要影响。

3. 国家模型还有一些缺陷，而且当我们从单一统治者进到现代多元国家时，这个模型尤其显得不够。解决这种国家冲突的理论，一直使现代政治家们感到困惑。

4.虽然制度变革理论的大部分要点已经提出(第十五章),但是框架没有规定简明的新制度安排的供给函数。一个社会为适应相对价格变动所发明的组织形式方案是由什么决定的呢?制度创新是一种具有这种产品的全部特点的公益,包括白搭车问题。

5.最后,我要提醒一下读者,在我们提出一种关于知识社会学的实证理论以前,我们还有一段路。

不过这些已足以防止误解。且让我们看看能用手头的工具做些什么吧。

第二编

历　史

导　　言

第二编有八章论述历史，重点为西方经济的长期结构变革；该编作用在于表明这一研究方法对经济史大有前途。我得强调一下，第一编的理论框架被用来组织第二编的中心，但我并没有详细说明政治经济组织的历史形式而为检验模型提供一个坚实的基点。

这些历史概述应用的第二手资料来源，使它们的解释价值受到很大的限制。不过，我不想为利用第二手资料来源表示遗憾。第二手资料之所以得到肯定，原因在于，它们实际上是介于原材料和综合性解释的中间产品。而限制则产生于要有选择地利用这些来源以及有用的证据有限。

虽然我请教过年代周期方面的专家，而在这方面，我只是个爱好者而已，但结果表明我对这些周期还缺乏专门的知识。就资料稍熟悉的年代周期而言，我感到为难的是，缺乏直接针对我提出那些理论问题的有条理的根据。历史学家很少将他们的学术兴趣贯注在我考察的这些问题上。我希望，这些探讨性的历史论文会使他们着手从事这项工作。

第七章　第一次经济革命[①]

第　一　节

在人类脱离其他动物后的一百多万年里，他们在大地上漫游着，从事狩猎和采集植物的活动。已得到的材料尽管稀少，但它表明，旧石器时代人的生活方式已将他与低等动物区别开，虽然像它们一样，他的生存能力仍受变化莫测的自然的影响。人们一群一伙地生活，有时穴居，有时干脆露宿。每当群伙耗尽了一个地区的动植物供给，便不得不准备迁移。

在这一漫长的狩猎和采集时代，各种不同的人类生活方式和文化发展起来。旧石器时期人和艺术才能的范例是在法国的多尔多涅谷发现的，在该处洞穴的岩壁上，残留着动物和狩猎场面的图画。这一马格德林期文化虽则被考古学家们看作是更新世时期最辉煌的成就，然而，在欧洲其他地区也有发达的文化遗存。考古学家们发现了刻有动物或植物图案的工具和武器；小雕像上发现有

① 本章依据道格拉斯·诺思和罗伯特·保罗·托马斯题为“第一次经济革命”的论文（载《经济史评论》，1977 年 3 月）。

怀孕妇女的突出特征;而埋葬地点表明,史前人类关心死后的生活。不过,尽管有这些艺术的和美学的成就,人类生活仍跟其他动物非常相似,要从自然获取他所能杀死或采集到的东西。生活的局限是由他还不能加以改善的资源基础所规定的;他只能在大地上生物约束的限度内生存。

大约一万年前,人类开始发展了一种固定的农业:放牧饲养牲畜和栽种粮食。扩大资源基础能力的开发,其结果相当于一场重大的经济革命。从狩猎和采集过渡到固定农业——考古学家 V. 戈登·蔡尔德称之为新石器时代的革命——大大改变了人类进步的速度。它大大加快了认识的进程,这说明,在人类编年史上,刚过去的 10 分钟与以前的 23 小时 50 分钟相比,取得了空前的发展。

理解这一变革是极其困难的,在某种程度上还需要推测。当然没有书面文字提供证据,而只有少量的人工制品遗存下来。不过,考古学家出色的探测工作给了我们许多帮助,而植物学家、生物学家、地质学家、物理学家和地理学家的联合努力又为我们提供了许多线索,帮助我们重建(不过是暂时的)必然会发生的一切。

在考察这第一次经济革命以前,有必要概括一下与一种革命理论一致的、有关史前人类经历的、公认的重要证据。

1. 固定农业的发展大约发生在一万年前,而人类是在一百万年前与其他动物区分开的。人类物质进步的速度自从发明农业以后就大大加快了。

2. 这一发明似乎于不同时期,在“肥沃的新月带”、中美洲、可能还有秘鲁、中国的北方以及其他地区都独自出现了。[①]

3.农业的推广用了几千年。在欧洲，推广的速度似乎每年平均只有一公里左右。(L.L.卡瓦利—斯福札，1974年)

4.多种大动物是在旧石器时代后期灭绝的。大约有两百多种已列为消失。(保罗·马丁和N.E.赖特，1967年)

5.在农业发明前，人类已经开始利用多种食物资源。在人类的食物中，大动物不占主要地位，而小动物、家禽、贝壳类动物、蜗牛、坚果和种子则占主要地位。这种利用被称作"大范围的革命"。(弗兰纳里，1968年)

6.人类的人口增长了，然后，便迁移到新的地区；最突出的是人类向新大陆和澳洲的迁移。(戴维斯，1974年)

第　二　节

我先在一个比较静态的经济模型里考察可以说明第一次经济革命原因的那些条件。这一模型的目的在于得到群伙中稀缺的劳动资源从传统的狩猎、采集活动向农业转移的条件。[②] 假定群伙的主要资源是其成员的劳动。群伙可以选择如何利用其劳动来生产合意的产品和劳务。它试图按照使稀缺劳动资源的价值最大化从而使群体的经济福利最大化的方式来分配资源。在没有市场决定这两种产出(狩猎、采集和农业)的相对价格的情况下，由群伙的

① 参见斯特鲁埃弗就农业发明的时间和地点而提供的资料(1971年)。

② "群伙"一词取自科林·伦弗鲁(1972年，第363页)。参见他就人类学家关于群伙、部落和国家之间区别所作的讨论(第363—365页)。

偏好来确定它们的相对价值。为了分析起见，我假定它们保持不变。在这里，每种活动的劳动边际产品或机会曲线，成为群伙决定如何在两个部门之间分配其劳动的重要变量。①

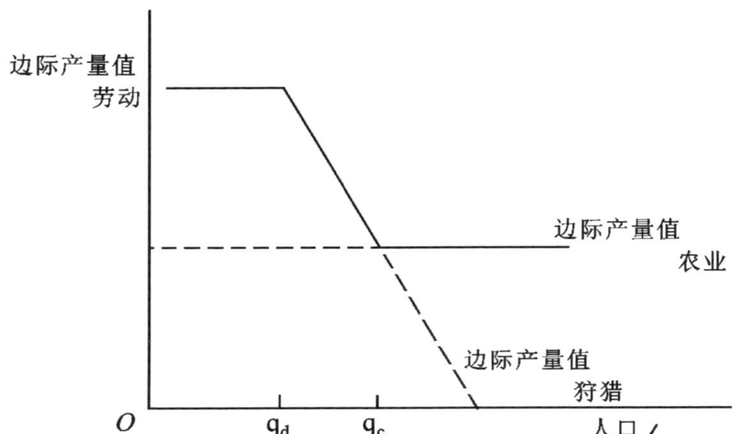

图1

首先假定劳动力固定。狩猎部门的劳动机会是狩猎劳动的边际产量曲线的值。② 还假定资源存量由生物决定，因而随着狩猎成果增加收益递减。③ 于是，图示的狩猎边际产值曲线在收益不

---

① 在整个这一节，我假定人类在实际转变前，事实上有足够的关于植物和动物的知识来从事耕作和(或)放牧。我将从模型推知这些条件。在最后一节，我将放宽这一假定，以便证明后果将与一旦创造出专一产权的情况相同。我所主张的是，农业的发明并不是最重要的问题。相反，正是专一产权引起的激励机制的变化必然会创造出农业。

② 自此以后，"狩猎"应理解为意指狩猎—采集。

③ 一个更明确的假定是模型规定了动物有一个生物学的增长法则。参见史密斯(1975 年)的著作，他提出一个与本章分析一致的模型。区别在史密斯提供的是一个常规而精练的比较静态模型。而这篇经济史论文，则试图描述由狩猎、采集转变为农业社会的时间途径，并认为需要制度变革来进行这种改变。特别的是，它试图解释考古学家已经发现的这一发明的特点。

变期后（图 1 的 oq_d）会最后下斜，狩猎部门劳动需求的相应下斜部分为图 1 的 $q_d \cdot q_c$。农业部门——反映这一时期土地丰裕是合适的——呈现出劳动单位增加而收益不变。这样，相应的农业劳动需求部分为 q_c 以外的水平部分。群伙劳动的有效总需求可以看作是图 1 上的实线。该曲线——如再加上可用劳动量——决定劳动的边际产值和怎样在这两个部门间分配可用劳动。

如果全部可用劳动充分利用后，狩猎劳动的边际产值仍高于农业中所用劳动的第一个单位的边际产值，那么人们将全力投入狩猎。如果劳动力规模为图 1 q_c 或更小，便会发生这种情况。

假定劳动力规模暂时低于 q_c，那么只有两种参数移动可能导致劳动从狩猎到农业的再分配。一种是移到狩猎劳动的边际产值的左边，反映该部门生产率普遍下降。如果发生这种移动，那么群伙将把先前投入狩猎的那部分劳动力——其产量现在低于如投入农业可能有的产量——重新分配到农业。其结果还意味群伙生活水平的下降。

第二种参数移动——将劳动从狩猎重新分配到农业——为农业劳动的边际产值曲线向上移动，反映该部门劳动生产率上升。这种性质的移动与上述的结果有某些相似：如，重新分配到农业上，先前用于狩猎的劳动力部分的生产率现在就会提高。结果就会发生劳动的转移。不过，如果这样，群伙的生活水平会提高。如果有一种参数转移相当显著，或两种参数转移都很显著，结果便可能将全部劳动从狩猎转移到农业。如果每个部门劳动的机会曲线不变，我们任劳动力增长，那么结果最终会是劳动转移到农业。如果最初劳动力少于图中 q_d，那么劳动力增加达到该点后，将导致用于狩猎的劳动边际生产率的下降。这种趋势将持续到劳动力达到图 1 的 q_c。因此，按我们的假定，劳动的边际生产率不再下降，劳动力的增量将加到农业部门。最后，如果人口继续增长，而且增加的每个部分都被分配到农业上，该部门将逐渐在经济生活中起主导作用。

总之，有三个变化可以解释从狩猎到农业的转变。狩猎劳动生产率下降，农业生产率上升或是劳动力规模持续增长，这三种变化单独也好，一道起作用也好，都可能导致人们从专一的猎人日渐转变为农民。

第　三　节

考古学家提出了许多理由来解释从狩猎到农业的转变。每个人都对这一转变提出了一些看法，有时也用上述模型来解释；但没有一个是完全令人满意的——一则因为它没有解释以上概括的那些证据；另则，因为其理论是不完善的。V. 戈登·蔡尔德（1951年）强调，随着最近的那次冰川期的逝去，气候发生了根本性的变化。近东和北非——曾是水源充足、草木茂盛、野生动物出没、植物很容易为人类获得的地区——相对而言，变得干燥了。因此，可以得到的食物供给——动物和植物——都集中在生物可以生存的水源和绿洲附近。在为数不多的绿洲上，人们与动植物密切相关。他可以仔细观察它们并能使一些动物免遭食肉动物的伤害。食草动物渐渐成为家养的，因为人类发现保护和放牧这些动物为它们提供饲草和谷物对自己有利。

蔡尔德的理论——就以上提到的历史材料范围内来考虑——是依据于环境的变化，这种变化造成了包括动物灭绝在内的自然资源基础的缩小。自然资源基础的缩小表明，用于狩猎的劳动生产率下降，这反过来使人类需要扩大对剩余资源的控制以便维持生存。在这一过程中，人类学会了怎样提高农业生产率，而要这么做，就得减少他的狩猎机会。蔡尔德的解释包括转移到狩猎边际产值的左边，以便一部分人口能靠转移到农业而有所得益。

蔡尔德的理论受到两方面的批评。其一，前一次冰河退去后为什么没有出现这一发明？其二，也许更有本质意义的是，历史气象学家并没有发现气候变化与向农业转变的时间地点恰好一致，而且，气候的变化并不始终伴随着物种的消失。蔡尔德的假设既未解释采用农业的速度，也未解释新石器时代人类人口的扩张。不过，气候变化倒是可能缩小资源基础，并导致某些地区的植物和动物相对日益稀缺。

第二种理论，即所谓中心区理论，是由罗伯特·J.布雷德伍德（1963年）提出的。布雷德伍德的中心区理论依据的是一种文化发展的现实，在这一发展中，人类逐渐增长了对其周围动物和植物的了解。布雷德伍德把中心区定义为"一种包括多种可能和准备驯化的野生动植物的自然环境"。布雷德伍德把他的理论概述如下：

"食物生产革命似乎是作为文化差异扩大的顶点和人类共同体的专业化而出现的。公元前8000年前后，栖息在新月带高地的居民已经很熟悉他们的住处，他们开始把自己采集的植物和捕猎的动物加以驯化。……从这些中心区起，文化扩散把新的生活方式推广到世界其他地区。”

布雷德伍德解释的理由为农业的边际值向上移动。布雷德伍德的中心区理论的一个吸引人的方面是，某些地区的植物和动物最初可能比其他地区的植物和动物更适宜驯化。而且，布雷德伍德强调，人类并不是突然熟悉动植物的，而是逐步掌握这方面的知识。布雷德伍德的解释所忽略的是变化的因果联系。布雷德伍德的描述并未圆满解释固定农业的原因、地点、独立发展或缓慢推广；也未对人口的增长或某种动物的灭绝作出圆满解释。显然，开始了解动植物虽然是农业革命的必要条件，但并不是充分条件。

这两种理论都没有把人口增长看做是对人类转到农业所作的解释的一个组成部分。刘易斯・R.宾福德提出而由肯特・弗兰纳里发挥的第三种理论应运而生。按照这一理论，人口增长通过移民给资源基础施加压力并造成竞争集团为生存而斗争。宾福德(1968 年)推测，在某些特殊地区，不同的社会文化集团引起失衡：

“从受迁区的观点看，移民集团的闯入，会打乱现有密度的均衡系统，并可能使人口密度上升到我们预期食物资源会缩减的水平。这一状况会明显增加对受迁集团的压力，从而有助于提高生产率。另一方面，迁入集团则将被迫进行调整以适应他们的新环境。无论哪一种压力有多大，都有利于这两个集团发展更有效的生存技术。”

弗兰纳里(1969 年)在一份详细叙述可能发生的过程的研究报告中阐发了宾福德的解释。他对在狩猎和采集模式中人口压力的变化作了描述:人类从猎捕大哺乳动物转向猎捕小哺乳动物直至最后从采集转向发展农业。

宾福德和弗兰纳里的解释内容为人口增长超过 q_c,因而一部分人口转移到农业。不过,它的缺陷在于,没有支持其解释的人口统计理论,也没有对人口增长为什么导致农业发展提供任何说明。

第　四　节

这里提到的模型假定当两种方案的选择摆在史前人面前时,他往往选择能使他境况改善的那一种方案。我并没有表示这一假定准确描述了任何一个史前人或群伙的行为。在一个不确定的世界,是不可能先验地知道哪种选择是“正确的”选择。相反,由于许多群伙面临类似的决定,结果,在生存斗争中,少数探索新情况而有反应的决定便是“正确的”选择。就是说,这些决定使群伙大大改善了境况,从而相对于其他群伙增加了它的生存机会。选择“正确的”方案的群伙,无论是有意识地还是偶然地,都将在自然选择过程中处于有利地位。而另一些集团起初选择其他活动方式可能进展不大,在一段时间里,要么改换成比他们成功的对手的技术,要么便灭亡。[①]

① 资源的稀缺性保证着竞争,从而又保证与福利最大化假定一致的看得见的行为会通过选择过程显露出来,即使不是有意计划的。

如上述简单比较的静态均衡模型所假设的，史前人类有两种基本的、可供选择的职业来保证他的劳动。选择使产值最大化方式的那些群伙，在一段时期里将会比未作这种选择的那些群伙有利。因此，我在本章一开始提到的简单比较均衡模型，就这点而言是可以接受的。不过，该模型对我们的用途是不完善的，因为它既没有清晰地思考史前人类已存在于其中的现有产权的性质，也没有把任何人口统计的假定包括进去。既然现存产权结构引导着人类的经济行为，因此，个人会发现，在这组产权下的所作所为对自己有利而在那组产权下则不利。史前人是在自然资源共同配合下利用他的劳动来谋生的。自然资源无论是捕猎到的动物、还是采集到的植物，最初都是作为公共财产拥有的。这种产权意味着大家都可自由接近资源。经济学家们熟悉的一个命题认为，不受约束地接近资源基础将导致资源利用的无效率。这种无效率随着对资源需求的增长最后导致资源耗竭。耗竭可以采取——如果是一种可以再生产的资源——使生物存量降到持续产出所必需的水平以下。

这个例子是由于文化的或制度的（产权）不适当而引起的激励失灵的一个范例。个人或是群伙都受到一种不考虑一定成本的激励，这造成资源的过度利用，以至其继续存在或许都受到了威胁。

让我们考察一下几个群伙为了共同拥有迁移的动物而竞争的情况。动物只有在被捕获以后才对群伙有价值。群伙这时受到一种刺激，要将资源利用到使最后杀死的动物的价值等于为杀死它个人所付出的成本。采集将继续到耗尽在个人产权下已经得到的全部稀缺资源收入为止。[①] 就是说，在一个竞争的环境，没有群伙会要求保护资源，因为留下再生产的动物可能被其对手利用。动物的存量因而可能处于灭绝的危险。造成这种无效率的重要原因，是缺乏一种机制来约束对共同所有的资源基础的利用。当个人或群伙看出从事狩猎的个人收益大于从事其他活动的收益时，他们便会参加狩猎。结果，狩猎的人就太多了。当利用到一定的限度，存量规模开始下降，于是全体猎人付出的成本便上升（生产率下降）。狩猎上劳动的机会曲线（狩猎的边际产值）向回移动；不过，这一事实并不会阻止新猎人参加狩猎，只要他们的狩猎生产率高于他们从事其他替代活动如农业的生产率。

这表明，如果将某些潜在的参加者排除在利用资源之外，便不会将全部收入都耗尽（张五常，1970 年）。这样，原始农业——必须将它组织成专一的公有产权——按产权的效率来衡量就比狩猎有利。不可理解的是，从一开始最早的农民便不将局外人排除在分享他们的劳动成果之外。此外，群伙可能是一种很小的团体，可以很容易地检查其成员的活动，以保证集体行为不致将团体公有的土地资源利用过度。这样，群伙至少在原则上可以通过规章、忌讳、禁令来约束其成员利用其在农业的机会，几乎像私人产权建立起来一样有效。[②] 我们可以看到，狩猎的公有产权和农业的专一公有产权之间的这一差异，对解释第一次经济革命是至关重要的。

---

① 按戈登的看法（1954 年），公共财产资源模型是古典派论文提出的。还可以参见史密斯（1975 年）和张五常（1970 年）的有关论述。

② 经济学家解决公有财产难题的办法是使用费、改变为私有财产或实施行为规则。参见史密斯的论述（1975 年）。

必须将狩猎部门置于共有财产资源的框架里考虑，而农业部门则是作为专一的公有产权来管理的，以便在影响人们行为方面近似于私有产权。①

这两种性质的产权，分别支配着狩猎和农业，两者的差异有重要含义，在于技术变革对群伙的长期福利所具有的效应。史前人类无疑是有发明创造的。工具的发明所带来的进步是这一事实的充分证明。这个时代的特点是边干边学，边试验边学习。在稀缺条件带来的刺激下，人们都致力于一项工作，越做越熟练，最后，发现了做好它的办法。

这些变革对史前人类的经济福利具有长期影响，不过，如果技术改进应用在公有产权占优势的地方与应用在专一的公有产权占优势的地方，其长期影响就大不相同了。短期效应是相同的。使人类狩猎生产率改进的那种技术变革，使打猎在初期比农业活动有相对较多的报偿（狩猎劳动的机会曲线，即图 1 的边际产值曲线将向外移动）。而农业技术变革中也有同样的情况，使农业的边际产值曲线向上移动，从而使农业成为报偿相对较多的职业。但从长期看，从事农业所得报偿是持续增长的，而狩猎的报偿，则会由于该地区捕获增多对资源基础所产生的影响而耗尽。狩猎的劳动机会曲线开始时会向外移动，把较多资源吸引到狩猎方面，结果，加快了对动物存量这一公有财产的消耗，最后导致曲线移到其开始位置的左边。与农业不同，狩猎业的产权保证技术变革最后会

① 尽管没有证据表明在旧石器时期的古人群中存在过产权，但后来为在猎人中间建立这种产权，确曾进行过广泛的尝试——参见史密斯的上述引文。衡量和实施这种产权的成本与现代捕鲸业的情况有相似之处。

导致劳动移到农业方面。[①]

第　五　节

另一个重要的分析要素，是关于人类史前人口指标的假定。在这个世界上，人口的数目显然在一段时间里是既非持续也非稳定地增长起来的。固然，长期趋势是上升的，但趋势是不平稳的，时而有中断。对人类人口的这些波动作出圆满的解释，不是我们这里的任务。不过，将含有这一解释的某些要素加以阐述，对我们的目的来说却是必需的。

对头一个一百万年间人口变动所作的简单计算表明，人口增长速度是十分缓慢的。但显然，人口毕竟在增长。这样，尽管在气候改变时人口可能倒退，但出生率一般仍超过死亡率。[②] 只要生活标准高于一定水平，便会出现人口大量增长的趋势。尽管要素效应往往周期性地使死亡率上升，但人口趋势仍是上升的。这条理由与人类学家的观察直接相反，他们发现，当代那些处于石器时代部落的人口往往是稳定的。此时，这种部落保持的人口水平似乎很可能低于会损害资源基础的那个水平。人类学家和考古学家在现代的观察已经表明，以上提到的关于人口动态的看法是不恰当的，可以置诸不论，而应当支持史前人类趋于人口静态的一种假定。

① 看待这一过程的另一思路是，狩猎业的技术变革将减少狩猎的个人成本，提高公有财产资源的利用率，因而加快了资源的过度利用。

② 参见科尔的“人类的人口”(1974 年)。

从现代处于石器时期的部落延伸到历史上它们的祖先有几个困难。让我们考察一下可以建立并维持人口静态的那些条件。首先，应当提到资源固定造成人口增加而收益递减。其次，必须存在对资源专一的公有产权，以消除对立集团之间的竞争。其三，必须存在公社对接近资源的某种管制以控制团体成员的经济行为。

第一个条件必须存在，或者说人口增加不会使团体承担费用——因而团体没有理由试图限制人口。如果要避免公有产权的后果，就必须有第二和第三个条件，暂且假定，一个群伙忙于利用一种公共资源并能成功地将其人口限制在不威胁资源的水平。假定出现了另一个群伙希望分享资源。第一个群伙排除第二个群伙的能力确实是其人口规模的函数。人口越多，就变得越能排除其他群伙。因而，不打算限制其人口的群伙，往往支配着与他们相互交往时限制其人口的群伙。静态人口只能存在于孤立的群伙之中。确实，当今发现这些群伙的地点都在远离其他民族竞争的地区。[①]

在史前人类社会，试图调整其人口以适应当地资源基础规模的那些群伙，最后都输给了那些鼓励人口大量增殖的群伙。这样，史前时代，人类的人口，无论在生活标准允许时，还是在人口增长有一种共同趋势时，都形成了自己的行为。

① 参见宾福德对现代幸存的那些民族所作的讨论(1968 年)。

第　六　节

现在，让我们在考古学家和人类学家所提供的证据范围内，对这个模型作一番考察。以小群伙生活的人类，在当地食物供给减少时，不得不准备迁移。小孩和老人是一种负担。群伙尾随着要捕猎的动物迁移，人们在他们所能找到的天然的藏身处栖息。没有证据表明有过永久性的村落，虽然发现过少数半掩蔽的小屋。作为猎人，在大约一百万年的人类历史上，人口是增长的，群伙分而再分、四处迁徙寻找食物。起初，人们捕猎大动物。已经发现在一些屠宰地有大量的骨头，表明常用的捕猎办法是把大动物赶下悬崖。人们猎获大型寒冷气候的动物——如退往北方的猛犸和多毛的犀牛——越来越有办法，这可能导致 25000 到 12000 年前这一时期这类动物的灭绝。① 大约 30000 年前，人口的增长，便迫使人类穿过白令海峡从亚洲进入美洲。此后，他们就在这块广袤的土地上迁徙。与人类的出现一道的是几种大型动物的消失。

现在可以对我们的经济框架作一个很概略的描述。起初，这个世界上人类赖以为生的动植物的供给好像是无穷尽的。由于人类人口的扩张威胁了一定地区的食物供给，群伙会化整为零，迁到新的地区，因而，逐渐派生出新团体。人类学家把这一过程描述成开放性供血系统。根据模型，在这个社会，增长劳动力的收益不变，结果，人口增长导致产量成比例的增长。只要有

① 参见史密斯对这一现象所作的经济分析(1975 年)。

大量生产率相同的土地供增长的人口利用，这个收益不变的社会便会一直存在。只要这一条件存在，便不会有动力刺激人们去制定对植物或动物的专一的产权。不过，我们可以料想，那些认为自己处于人口限界内的团体，最初会试图发展群伙人口和资源基础之间的稳定关系，因为这种关系要受其他群伙的约束，而目前又没有办法扩大资源基础。这种人口团体会试图完全达到那种人类学家描述、也在当代原始社会中存在的自动平衡关系。这些群伙靠禁忌、杀婴和其他手段来限制出生率，试图保持人口和资源基础不变之间的关系。另外，我们还可以料想，这些群伙已试图发展一套习俗和规章来控制狩猎，以期保持稳定性。这种努力由于以上讨论的原因而告失败：自动平衡的人口只能在相互隔绝的群伙中间存在。①

一旦人口增长到资源基础被完全利用的地步，那么，人口的任何进一步增长，便会引起狩猎、采集劳动边际产品的下降。不过，如果竞争部落的特点和公共财产资源给定，人口将继续增长。我可以在上面的图 1 中对这一后果加以说明。人口增长到 q_d，可以在不减少资源基础存量下发生，但进一步增长则导致收益递减。大动物越来越少，渐渐地，人们被迫在较低级的动物中去寻找新的食物来源。我们的确知道，大约在公元前 20000 年初，人们已开始使自己适应于食用各种动植物（弗兰纳里，1969 年）。这个时代本身只是一个过渡阶段，因为人口压力持续增长和对这些公共财产资源竞争不已，连这些动植物也越来越稀缺了，结果，采集劳动的

① 在中美洲，大范围革命似乎出现在公元前大约 5000 年以后。

时间相对更加“昂贵”。

解决史前人类所陷入的这一共有财产困境的办法，是发展专一的公有产权。当动植物相对于人类人口的需求一直充裕时，没有动力刺激人们为建立对它们的产权而付费。只有在稀缺性越来越严重的这一过渡阶段，才值得为建立和实施这种产权——可以限制资源利用的速度——付出必要的费用。

产权的演进，从历史上看包括两个步骤，先是把局外人排除在利用资源的强度以外，而后发明规章，限制局内人利用资源的强度。如弗兰纳里所指出的(1968 年，第 68 页)：“我们知道，在地球上没有人类群体会原始得不顾植物与其由以长出的种子之间的关系。”根据图 1，当人口远到 q_c 时，增加的劳动可能会被更有效地用于耕作和放牧。在达到这一点之前，由于狩猎的边际收益递减，较多的努力可能会用于采集。在某种意义上，这是群伙试图找到一些自然沃土、拓殖和击退新的来犯者的一个合乎情理的步骤。因而，在限界内住的群伙渐渐过起定居生活。随着这些群伙人口的增长，地区内的自然资源也就得到更加集约地利用。

有趣的是，以上描述的弗兰纳里的观点已经引起某些人类学家和考古学家的怀疑，他们认为，动植物最初的驯化并不是发生在它们自来丰裕的地方。相反，他们推断，驯化最初可能发生在自然收获不太丰饶的地方。因为，如果人们通过采集可以获得充足的野麦，他们便不会为耕作去操心了。哈伦和佐哈里评论道(1966 年)：“在自然生长的作物像栽培作物一样密布的地区，人们为什么要去栽培谷物呢？……农业本身可能不是在盛产野麦的地区，而是在毗邻的地区发生的。”[①]这一论点忽略了人口增长压力与共有财产资源这一根本性的难题。而更有可能的倒是，人们发现富饶地区有丰富的野生谷物，可以用镰刀收割，而后对这些地区加以保护，以防范入侵者。这样，我们可以推测，野生谷物的集约栽培——在琼·佩罗特看来(1966 年)，这是在巴勒斯坦半定居的纳图菲亚人的栽培做法——较之在边远土地上培育种子的做法更有可能是向驯化发展的步骤。[②]

有关纳图菲亚人栽培的材料表明，农业可能是狩猎的一种早已存在的替代选择。世界上不同地区农业的独立发展及其穿过欧洲向西北方缓慢的传播，似乎都与这一假定一致。但重要的是指出，即使新知识对从事耕作和放牧是必需的，专一的产权将提高对获得新知识的刺激这一基本论点仍不受损害。这一节的概略说明既可以看作是一种向已知的替代转变的描述，也可以看作是这样一种解释，即群伙发明了对一片丰饶的野生谷物的产权，而后受到刺激极欲获得培育和驯化所必需的知识。大概第一个步骤是建立专属区域，就像现代的原始群和部落中已看到的那种情况。登塞茨(1967 年)引用人类学家埃利诺·利科克的著作，描述了蒙塔格纳伊斯的印第安人创立的捕猎河狸专属区，以应付赫德森·贝公司日益增长的需求。[③] 建立专属区为植物和非迁移动物付出的成本可以相对降低，而只需为迁移动物付出较高成本。专属性一经

① 参见哈伦和佐哈里的论述(1966 年，第 1074—1080 页)。

② 参见佩罗特的论著(1966 年)。

③ 参见麦克马纳斯所作的说明(1972 年)，他指出一种集团的生存准则战胜了内部的个人分配。史密斯(1975 年)则对许多人类学家关于原始产权的研究作出描述。

确定，清除杂草、原始灌溉和选种便可以在“错了再试”的边干边学的过程中逐渐发展起来。于是，栽培的生产率提高了，农业中投入的劳动的边际产值向上移动。

栽培与驯化之间的差异是微小的。后者指为增进植物或动物对人类的价值，而使其在遗传学意义上发生的变化。[①] 有两个史前的例子很有名。其一是双粒小麦和单粒小麦从籽粒脱落演进到籽粒不脱落，其二为野山羊改良成性情驯顺的家畜。这两个驯化的例子可能是作为选择过程中的偶然结果出现的。但是在专属产权下，驯化所得报偿会鼓励“错了再试”的选种和动物选择过程。

当然不是说从狩猎到农业的转变很快就发生了。考古学家积累的资料表明，转变需要一段相当长的时间。转变之所以发生，原因在于持久的人口压力造成了史前人类所利用的资源相对稀缺。与这些发展相适应，单个群伙开始力图排斥局外人，不让他们接近资源基础。在这一过程中群伙渐渐成为定居的。专一公有产权的确立，增加了群伙试图提高资源基础生产率的收益的努力。许多团体可能没有进行这一转变，但有一些团体有幸或碰巧设法完成了这一转变，我们所说的农耕的发明和经济增长，在一万年前就是从这些起点发生的。

第一次经济革命不是一场革命，因为，它使人类的主要经济活动从狩猎、采集转到定居农业。它又是一场革命，因为这一转变为人类造成了一种来自其主要部分的刺激的变化。刺激的变化来源于两种制度下的不同的产权。如果存在着资源的公有产权，那么，

① 参见艾萨克关于栽培和驯化的讨论(1970 年)。

掌握优良技术和学识的刺激便很小。反之，专一产权给所有者以报偿，为增进效率和生产率，或者在更基本的意义上为获取更多知识和新技术提供直接刺激。的确，应当用刺激的这一变化来解释人类在最近一万年相对于它在漫长的原始狩猎、采集时代的缓慢发展所取得的迅速进步。

第八章 第一次经济革命的组织后果

第 一 节

定居农业的开端和罗马帝国的顶峰相隔大约八千年。由于资料数量与时间长度不相称，我们往往把这段时间看作是王国、帝国和整个文明迭次出现，而后在战争、叛乱、阴谋和杀戮中又相继消失的历史。然而，毕竟还有一些这些社会发展的世俗基础；因而尽管资料不够，仍可以重新构造出这些社会的某些发展。我们特别想知道那种曾支撑了一个个文明使庞大帝国赖以存在——其中有些持续了几个世纪之久——的经济结构。我们还想多知道一些关于它们财产转让的情况，而不是有关一场大战、一座都市失陷和其居民死亡或沦为奴隶的趣闻。

让我就几个问题特别作一点说明。在第一编里我强调一种经济的成就依赖于其组织结构。在我现在要考察的这八千年间，出现了一系列令人迷惑的经济组织，其中大部分与我们今天所熟悉的颇不相同。例如，在现代社会，市场不但被用来分配生产要素而且被用来分配产品和劳务。在漫长的古代，并不存在组织好的市场。什么形式的组织来代替这样的市场呢？何种产权存在过和交易是怎样进行的呢？怎么说明政治经济单位的规模和政府组织采取的不同形式呢？而最重要的是，这些制度对经济成就的后果是什么？经济增长出现了吗？

在下一节里，我要就这一时期经济结构和成就的主要趋势作一概述，然后，再特别转到对国家演进的考察。正是“暴力潜力”在政治经济单位内部和之间的分配，对古典社会的经济结构进而对其成就具有最重要的潜在影响。虽然地理限制给国家的可行规模和生存能力带来了不同后果，但必须将这些限制与军事技术特点综合起来解释内部控制结构和随后发展的产权结构。在第三节，我简要讨论一下国家的发展，而后在第四至第七节里，按大致的年代顺序（有时部分有重叠）考察中央集权制的埃及新王朝国家、非中央集权制的波斯帝国、希腊城邦、罗马共和国和帝国。对每一种情况下出现的经济结构作一简述。最后一节将评价古典世界的全部经济成就。

第　二　节

可以认为，在纵贯古代的这八千年间，某些主要的趋势是一直存在的。

1. 人口明显增长，其速度在当时是空前的。人类定居区也扩大了。例如地中海周围的土地，当时人口已经相当稠密。

2. 从狩猎、采集到农业的过渡是渐进的，而且在一段时间，经济活动的主导方式已变成定居农业。

3. 国家的政治组织初次出现了。国家在这个时代所采取的具体形式，从君主制到民主制是多种多样的。不过，虽则形式多样，但每一种都承担了政府的职责。国家是伴随战争和政治不安定而出现的。国家的规模一直扩大到整个西方世界被并入罗马帝国。

4. 技术发明获得了重大进展，在这八千年间，青铜时代让位于铁器时代。

5. 贸易发展和扩大了。特别是这个时代，地区间的贸易有了重大增长。最后，创造了非个人市场并越来越用于资源配置。

6. 市区初次发展起来。城市的规模扩大了，功能也复杂了，最后延伸到了地中海世界。

7. 出现了不同形式的经济组织。苏美尔、埃及和迈锡尼希腊的再分配经济代表一个极端；古希腊和罗马定价市场的扩大则代表另一极端。

8. 不同的产权构成各类经济组织的基础。最初，专一的公有产权由最早的农业共同体建立；在有些地区，公有产权已让位于专一的国家产权，而在另一些地区，则让位于个人私有产权。在建立了个人私有产权的地区，对产品、土地和劳动的那些权利都以奴隶制形式发展。

9. 出现了值得注意的经济增长。这一得益，部分被用来支持人口增长，部分提高了总的生活标准。

10. 由于很早便出现了很大的差别，收入分配明显地变得更不均等了。

我想对这些趋势作一番比较详细的考察。先比较一下狩猎、采集共同体的组织特点与定居农业需要的组织特点有何不同。一个狩猎、采集共同体由一个寻觅食物的群伙构成。群伙的成员一道狩猎，通常由几个家庭单位组成。除了狩猎需要协作外，不需要什么组织。群伙成员之间没有什么差别——用我们的术语说，就是收入分配很平等。

相比之下，定居农业则需要复杂得多的社会经济组织。首先，为了使共同体以外的成员不得分享共同体活动所生产的物品，必须建立一组专一的产权。对动物和植物的这组产权的发展，包括共同体的某种防卫形式。

成功的农业实践要求就种什么、何时种、何时收以及如何把握种植和收割之间各种必要活动作出决定。除了要决定种什么和何时种以外，还必须作出由谁完成这些任务的重要决定，以及提供某些制度来确保预定任务圆满完成。一个定居社会还得有机会贮藏物品，以防周期性的饥荒和干旱。盘存物品要求协作，还需要造出仓储设施。一个制度和实施共同决策的组织，对于一个有活力的农业共同体是绝对必要的条件。

如果早期农业包括灌溉，如巴勒斯坦、埃及和两河流域的某些考古遗存所表明的，那么，组织问题就更复杂了。必须筹集到一个灌溉系统所需要的资本，为了在灌区分配用水，需要开凿和维修沟渠、组织排水系统、安排水闸和水槽等等。

定居农业已有分工。在狩猎、采集社会，专业化限于简单的角色分配：通常，狩猎由男人完成，采集由女人承担。相比之下，定居农业则要考虑比较复杂的分配。在早期的农民中，有些人专门提供保护；另一些人则充当教士，处理人与环境"合理化"方面的问题。在农业共同体内，新情况出现了。公元前第二个一千年结束时，手工业可能发展了。在迈锡尼文化的 B 碑上列举了陶工、金属制造工、编织工、砖石工、木工、造船工、青铜工和金工这些专业（伦弗鲁，1972 年，第 341 页）。这些专业和分工标志着采集和狩猎造成的无差别社会发生了巨大的变化。由专业化的个人组成的社会，需要建立一种在人口中分配共同体产品的机制。这种机制，在狩猎和采集社会是相对简单的，而在存在专业化和分工的社会，则含有多得多的协作和决策。

因而，一个农业共同体在决定生产什么、怎样生产和为谁生产上面临的问题比猎人和采集者群伙面临的问题复杂得多。必须确定的有以下事项：组织共同的防卫，预防饥荒，就生产什么、何时生产及如何生产作出决策；管理和协调定居生活所必需的日益专业化的工作；对种类日益增多的商品在人口中进行分配作出决定；等等。

已经发展了的制度可能不是**从头**创造的，而是从比较简单的游牧群伙的共同决策机制演变而来。这种机制不会为农业共同体的形成带来严重问题。既然农业共同体规模很小，因此每个成员都会处理自己在共同体中的利害关系。作出这种共同体决策的成本理应是最低的。如果真的发生敷衍塞责的现象，也很容易觉察。

不过，农业共同体的成功，本身往往使共同决策机构受到重视。农业生产率在一个时期往往会增长，而储备食物的能力则会减少歉收可能带来的威胁。这两种变化都将有助于人口增长。反过来，人口增长又将提高共同体决策的成本和刺激个人逃避共同体分派给他的义务（因为衡量逃避义务要增加所付费用）。共同体的扩大，还将增加协调生产决策和分配共同体产品的费用。

第　三　节

国家的出现，一系列规定内部结构的规章，以及实施那些规章和同其他国家竞争的强制权力的相伴而生，是古代世界最重要的成就。这一章强调成就的积极方面：这些成就的创造在复杂的文明发展和古代世界巨大的经济增长中所起的作用。下一章的重点放在其固有的不稳定性和每个国家最后都要遭遇的、不可避免的衰落上。

虽然考古学资料不断提供有关早期城市遗址的新证据（如杰里科可追溯到公元前8000年、安纳托利亚的查塔尔·胡约克其年代为公元前6000年），但在农业开端和"城市国家"（是在美索不达米亚的苏美尔和阿卡德平原上及埃及第一王朝时发展起来的）之间仍有四千年。[①] 国家起源无论是靠契约还是靠武力，产生一个有活力的政治结构，都是一个漫长的创新制度组织的过程。宗教在使君主的强制权力合法化方面起了重要作用，因此，这些早期国家都具有神殿社会的特点；埃及法老是统治者又是神。这些国家的规模扩大了；公元前2350年萨戈削弱了美索不达米亚那些城市国家的重要性，创建了一个中央集权的政府。上下埃及也于公元前3100年统一。就这两个国家来说，地理条件在影响国家发展和决定国家规模变化方面起了重要作用。这两个国家都依赖于灌溉系统，从而要求决策协调和一体化。灌溉系统的不可分性助长了

① 在印度河谷，莫恒卓达罗和其他一些城市在公元前2500年已经发展了。

国家规模的扩大，但这两个国家的水力系统的有效规模并不相同。在美索不达米亚，规模经济无疑促使统一，突破了单个城市国家，不过与埃及相比，还是很有限，在埃及，第一瀑布以下的整个尼罗河谷已成为一个自然单位。此外，在地理上还有一些重要差别，如沙漠和水将埃及同入侵者分隔开，结果直到第十二王朝末期，喜克索斯人侵入才使埃及受到骚扰。相反，美索不达米亚则遭到印欧人（赫梯人）和闪米特人的多次入侵和骚扰；结果后继的统治者和大小不等的帝国令人眼花缭乱。更重要的是，政治经济组织形式脱离神殿经济发展起来，相比之下，在埃及经济则一直由全权的法老主宰。

从巴比伦的汉谟拉比统治时期（公元前 1792—前 1750 年）到波斯帝国（公元前 550—前 331 年）有一千多年，而随着居鲁士大帝的帝国的出现，政治经济单位的规模大大扩展了，并从爱琴海延伸到印度河以远。在大流士（公元前 521—前 466 年）统治下，帝国被分成 20 个行省即总督辖地，每个行省有一个总督、法院和自己的国库。

希腊文明是在与波斯冲突中最后出现的，并在亚历山大统治下战胜了波斯帝国，它呈现出根本不同的结构。希腊政治经济组织的核心是城市国家即城邦。城邦规模不大，富有活力，海洋切入起伏不平的丘陵，小平原星星点点错落其间。虽则雅典领土近 1 000平方英里，斯巴达近3 300平方英里，但大多数希腊城邦都不到 400 平方英里。如果说相信有共同的祖先、共同的语言和宗教，利用同样的神谕以及共同参加希腊竞技比赛，培育了希腊整体，那么城市国家之间的抗衡，则促成了希腊的竞争。即使没有公元前

481 年波斯人的入侵，也能把他们完全联合起来。普遍的竞争则导致一次次的结盟和内战，在雅典和斯巴达之间的伯罗奔尼撒战争中达到顶点(但没有终止)。直到公元前 338 年，才由马其顿的腓力实行了希腊统一；其子亚历山大缔造了希腊化社会和帝国，并一直延续到他死后。当希腊文化叠加在波斯帝国和埃及法老社会之上时，西方的罗马正在同迦太基帝国展开殊死的竞争。罗马胜利后，首先建立了对东地中海的霸权，继而出现了公元后头两个世纪罗马帝国统治下的统一。

这几千年的趋势很清楚：国家变大了。不过对整个这一时期的规模变化的解释则很不清楚。水利可以解释埃及的统一，也有助于说明美索不达米亚城市国家的扩张，但还应当考虑军事技术，并用它来解释较大的政治经济单位的存活力。马匹、联弩、战车和方阵成功地改变了战争技术。军事单位的规模无疑是扩大了。然而，希腊对波斯的优势表明，除必需的最低限度规模外，纪律和组织替代了规模(突出的例子是色诺芬所详细描述的万人行军)。

第　四　节

漫长的埃及王朝的历史证明，法老对贵族有不同程度的支配权，但从公元前 1580 年开始的新王国，却代表一种典型的中央集权的埃及政治结构。[①] 尽管法老在理论上像古王国和中王国一样仍是神，但他在新王国的权力，是建立在对政府机构、立法机关、司

① 以下描述摘引自《剑桥古代史》第二卷第一部(第 3 版)第九章。

法机关、军队、警察，“显然还有僧侣”(《剑桥古代史》，1970 年，第 2 卷，第 314 页)的绝对控制上。国家的行政管理是一条组织严密的指挥链，国家分成南北两部分，每部分都有自己的大臣和司库。大臣直接负责管理每个地区的经济活动。直接对大臣负责的是镇长和周围乡村的村长一类官员。司库的职责是核查产量、收入和税收，他虽然一般受大臣监督，但仍有自己的广泛组织。与司库密切相关的，是粮食和家畜的监管，在监管下会计的责任，是每年对谷物和家畜作一次统计调查。

税收本身归一名官员管，他被称作“农田书记员和两块地的头”(《剑桥古代史》，1970 年，第 2 卷，第 359 页)。每年都以法老的名义，对劳动者的产量征税；劳动这个词通常也表示税收(《剑桥古代史》，1970 年，第 2 卷，第 381 页)。承租人和经济活动的管理人要纳税，管理人设法在法老要的岁入之外留一些利润。税收征的是实物，如收获税，征燕麦和大麦，税率按“农田书记员”估算的每块土地的生产率而有差别(农田书记员每年都对土地勘察、估算)。在生产的各个方面都有这样的检查和征税。连猎取的野味也要征税。对外省的土地征取贡物；对水路征通过税；关税进一步增加了岁入。此外，共同体还要为所有政府官员提供食宿；各地要为军队、舰船、警察提供给养(数额从税金中扣除)。法老也直接拥有巨大的田庄。

埃及的新王国军队，是一支职业的常备军，要听从喜克索斯的训诫。它配备有战车队、联弩、重青铜斧、剑和长矛。战略和军事战术已经成为职业官员训练计划的一部分。在吐特摩斯三世统治下，新王国统一并加强了它对努比亚和北苏丹的控制，进而将其势力延伸到南叙利亚。

以上对十八王朝的政治行政结构的描述，是对埃及在其成就最大、效率最高时期的结构的概述。这是一个拥有唯一独裁统治者的社会，全部财产权最终都授予法老，没有相当的替代供臣民们选择（如中王国的贵族与法老之间的那种竞争），高度集权的官僚制度，是为检查和计量产量并最后使统治者最大限度增加租金收益而设计的。它已被证明在总体上具有持久性，当亚历山大死后波斯帝国分裂时，托勒密埃及（该帝国的一部分）只能在原有的中央集权制行政结构之上推行希腊的规章。① 不过，托勒密仍采用了一项前所未有的稽查措施：特别要求包税商将行政官员征收的数额记下。政府官员必须补偿短欠之数，至于剩余，则可以任其私有。这样便对行政官员进行了有效的检查（罗斯托夫采夫，1941年，第一卷，第 328－329 页）。

新王国和以后的埃及经济，是一种产权最终授予法老的经济。诚然，似乎有过某种土地私有权，而且寺院拥有（可能只是为了使用）巨额财富并行使对大地产的控制；但整个经济结构的顶端只有一个人。国际贸易实际上是一种主要由法老的代理人从事的国家垄断；国内经济组织则按等级构成，既直接作为法老资产的一部分，又间接通过官僚组织（已在上节作过简介）将岁入输送给法老。

整个农业产量依赖于对每年尼罗河洪汛的控制，因此，每年在一定季节，不仅要占用劳动力的相当大的一部分建造、维修和有效

① 参见罗斯托夫采夫的《希腊化世界社会经济史》（1941 年）第 1 卷，第 271－331 页。

利用灌溉系统,而且还必须动用大批官员来监管灌溉系统的有效利用。

残存的记载不可能确定奴隶的数量、准确的劳役形式或徭役的性质,似乎要求所有的劳动都收割庄稼、维修灌溉系统、营建大型公共纪念碑和建筑物,劳动在经济中的依附地位是显而易见的。农民虽然在严格的法律意义上是自由的,能够拥有对财产的某种私有权,但要向政府或寺院交纳劳务捐。一般而言,所有劳动者都交付实物。诚然,也出现了某种小规模的零售市场和地方贸易。虽然没有流通手段,但金、银、铜有度量比率,被当作记账单位。

韦伯(1976 年)描述过严格的等级结构逐渐松弛的情形,包括自由劳动的增长、个人土地产权的扩大(虽然仍与义务相关连)、货币经济和内部贸易的扩张(韦伯,1976 年,第 126—130 页),与此相反,罗斯托夫采夫则主张基本的等级结构在托勒密时代并没有发生重大变革,希腊人只是力图通过减少统治集团代理人对租金的耗费,来使等级结构更有效率(例如通过包税商。罗斯托夫采夫,1941 年,第 271—322 页)。

应当附带指出的是,亚历山大里亚是在托勒密时期作为西方世界最大的城市和文化学术中心出现的;但是,它并不是埃及不可分割的一部分,而是一个似乎像自由的和自治的希腊城市那样的城市国家(罗斯托夫采夫,1941 年,第 415 页)。

第 五 节

埃及是一个同构单位,而波斯帝国则是将许多宗教和政治各异的单位拼凑成高度分权制帝国的一个庞大的联合体。[①] 波斯人无论在政治上还是军事上都处于核心地位。“大王”从 7 个显贵家族中产生;其顾问和政府官员大多数由波斯贵族充任,在常备军中,波斯人军队占优势。帝国分成 22 个总督辖地,每个总督辖地拥有程度不等但都相当大的自主权。有代表性的,是它们都有各自的法庭、民政机构、司法当局,甚至可以接纳邻国使节。总督或省长是出身高贵的人。有时,以前独立存在的王国的那些统治者,事实上已变成了世袭总督及几代相续的名门望族。总督的职责就是征收波斯统治者规定的赋税或贡物;按希罗多德的说法,这一数额多寡不等,印度为4 680塔兰特金粉,亚述和巴比伦为1 000塔兰特,第七总督辖地(位于印度和巴克特利亚之间)少到 170 塔兰特。此外,还有包括土地税和通行费的实物税。这些收益主要用来维持军队以及总督和副总督的家族。

波斯帝国构成上的复杂性,是与它将各种不同的宗教和经济组织兼容并蓄而俱生的。帝国分权结构的功能,既是其固有的缺陷也是其成功之处。其所以是成功的,因为企图将一个统一的中央集权结构强加于各个不同单位的任何做法,都要付出巨大的费用,确实是极大的代价。宗教上的容忍和主动适应地方宗教具有稳定局势的重要作用。例如,大流士声称,与埃及太阳神有关系,试图以此名义为波斯人支配埃及增加合法成分,从而减少实施费用。

① 这段论述主要取自《剑桥古代史》,第 4 卷,第 7 章和罗斯托夫采夫的《希腊化世界社会经济史》(1941 年,第 1 卷,第 77—90 页)。

重建各个经济组织，将导致无政府状态和岁入大幅度减少。反之，安定和内部市场广阔，对现行经济影响良好，但代价为贡赋苛重。其缺陷在于，总督制造成了潜在的替代和竞争的统治者，因而，发明一套能预先觉察和阻止独立的侦察办法，一直是波斯大帝要解决的问题。那些只受总督统辖的波斯军队的要塞，不仅要定期巡视，而且要派员驻守。然而，半自治的总督一直是竞争和反叛的根由，最终也是倾覆帝国的根源。

罗斯托夫采夫称帝国的中心波斯为"封建的和宗教的"（1941年，第 77 页）；描述巴比托尼亚继承了汉谟拉比时代以来政教合一的官僚制度的古代传统，并在土地私有制、商人、银行家和广泛的长途贸易的基础上，继承了它的繁荣经济（1941 年，第 78－79页）。当时腓尼基人有长途航海和殖民传统，还有比布罗斯、乌加利特和阿勒米纳等兴旺的港口；小亚细亚的希腊城市的政治经济结构与阿提卡和伯罗奔尼撒半岛的相同；在叙利亚和阿拉伯沙漠有贝督因人的游牧部落。至于吕底亚，早在公元前 700 年已流通了由金银合金压印成的金属货币。此外还有远东和埃及的总督。用罗斯托夫采夫自己的话来说：

> "波斯君主政体就是这样——它是不同经济体的混合又是波斯君王们控制下的一个经济单位，他们一直不曾放弃将其帝国的各个不同部分合为一体这一艰巨任务。他们的成功主要归因于坚定的分权政策。他们很少干预总督辖地的社会经济生活，同时又为它们提供了必需的军事保护及发展其经济关系和商品交换的受欢迎的新机会。出色的'王家'大道将

波斯帝国的各个部分连成一体;新的海上航线(如从印度的河口到红海和尼罗河)开辟出来;一种完全信实可靠的'王家'金银通货便利了商品交换。总督辖地承受的沉重税收,如果与它们从世界帝国的各部分(不是独立的州)所得到的利益相比并不过分。

毫不奇怪,波斯享有富饶国家的名声。我们无法衡量它的财富。当然,波斯王的富有是人所共知的。我们知道,他们每年的岁入和金银都收藏在波斯的各首府。王室的财富不一定意味着国民的福利。但在波斯时代,腓尼基城市、叙利亚和美索不达米亚的商旅和巴比伦出现了空前未有的繁荣,这表明,统治者的财富是建立在其国民财富的基础之上的。应当指出,大多数波斯总督辖地不同于埃及和小亚细亚,至少享有了长达 3 个世纪的持久和平,这在古代社会的历史上是少有的情况。"(罗斯托夫采夫,1941 年)

韦伯(1976 年)虽然承认不同经济组织永远存在,但对波斯规章的后果作了颇不相同的描述。按照他的看法,这是一个经济停滞时期:巴比托尼亚的运河系统处于衰败,而无论腓尼基城市还是希腊城市都没有兴盛,"虽然就整个广大地区而言,这意味着和平和统一"(韦伯,1976 年,第 222 页)。他归结如下:"波斯帝国经济的政府部门不是有生气的,这必定对外贸产生影响。实际上,经济发展在一个统一达 150 年的广大地区明显处于停顿状态"(韦伯,1976 年,第 223 页)。韦伯将这种停滞归咎于税收苛重、征收系统、缺乏与政治扩张相关的必要的刺激(韦伯,1976 年,第 222

页）。无论是波斯帝国促进了经济增长，还是抑制了巴比托尼亚、腓尼基和爱奥尼亚和希腊的经济繁荣，都不可能在这里予以解决。而且问题并不重要，因为，希腊组织的最高权力和希腊在亚历山大率领下打败波斯人并最后战胜波斯帝国，才是古代世界经济史的主要思路。公元前 331 年，亚历山大死后出现的希腊化帝国将希腊的结构强加于古代世界，最后与罗马帝国并为一体。

第　六　节

希腊城邦受到一种可能使小规模政治经济单位富有活力的地理条件制约。[①] 亚里士多德认为，公民人数（成年男性的自由民）超过 10 万的城邦就不算是城邦。与小规模相提并论的是生存要求，即在面临普遍竞争和许多邻近独立单位的敌视时，要能补充足够的男子来履行军事职责。这样，如古典派历史学家所描述的，从贵族城邦到装甲步兵城邦再到公民城邦，这种传统的演进反映了军事基础的必要扩大（从少数武器精良备有骑乘的武士到装甲步兵方阵，此外，在雅典和少数几个城邦还配备有海军舰队）以及政治基础从小到大的转变和民主制社会的产生。

在雅典贵族和农民的冲突中产生了改革者（梭伦）和僭主（庇西特拉图）；而到了伯利克里时期，雅典已是一个由全体公民大会和从全体公民中抽签产生大多数官员（除军事指挥官外）统治的直

① 这一节引自埃伦伯格（1969 年）、韦伯（1976 年）、迪金森（1958 年）、福里斯特（1966 年）的论著；《剑桥古代史》，第 4、5 卷；斯塔尔（1977 年）的论著。

接民主制度。[①]

虽然在雅典民主制占据优势，但在希腊的其他城邦，还是寡头制占优势。在那些城邦，贫富之间、债务人与债权人之间的对立——总之，在财富和收入的分配方面——是一种像城邦之间的对立那样普遍的现象。

在雅典和其他一些民主制城邦，公民参与了国家的管理：出席陪审团，当然也服兵役。这种参与，使公民花去了大量时间，公民每天可领到两个后来为三个奥波尔来补偿他为政治和司法所作的参与。虽然自愿参与是希腊城邦的基本成分，但要依靠一种法律和产权结构才能实现，在这种结构下，非公民（奴隶和外邦人）提供岁入，富人自愿捐赠（公餐），在雅典称霸期间，雅典同盟也捐纳贡物。泰米斯托克利决定将劳里昂奴隶开采的银矿岁入，从分配给公民转移来兴建海军舰队，以应付公元前483年波斯人的威胁，这不仅表明雅典政邦公共财政的基本状况，也说明它的经济基础。

不过，城邦不是在孤立隔绝中存在的，无休无止的联合结盟，周而复始的一个城邦与其他城邦一道称霸或对其他城邦称霸，在古代希腊的舞台上几乎随处可见，就像内部争夺对城邦的控制和财富分配一样普遍。雅典和斯巴达之间的伯罗奔尼撒战争，不过是无数冲突即无休止竞争中的最著名的一例。

在希腊国家，其选民的机会成本由生存所必需的军事条件规定。扩大选举基础是生存的一个必要条件，并不可避免地伴随着

① 相反，斯巴达保留了有两个王的君主制和一种由相对少数的公民和许多依附民组成的军事结构。

对财富分配的持续斗争，正如与其他城邦联盟必然导致一场类似于在城邦之间争夺霸权的斗争。希腊民主政体不可与希腊奴隶制（或斯巴达的希洛制）[①]分割，因为使公民享有直接民主的政治经济组织结构，需要奴隶劳动力或希洛人来完成基本经济职能，以便公民解脱出来得以参与政治、司法和军事活动。

在迈锡尼时代之后几个世纪中发展起来的希腊城邦经济，建立在个人土地所有权基础上，这种所有权已经取代了氏族集体所有权。Kleros（家庭小块地）在公元前 5 世纪以前是否已经可以转让，一直是有争议的问题，而斯塔尔认为，可转让性得到了有分量的证据的支持（斯塔尔，1977 年，第 150—151 页）。梭伦新经济制度的氏族划分（它代替了建立在军事能力之上的老的阶级划分，即：骑士要养得起马，牛轭级要能把自己装备得可以加入装甲步兵方阵作战，最后，雇工为劳动者）建立在土地的占有上。财产资格依据于每年生产的谷物、酒或橄榄油（单位大约为 $1\frac{1}{2}$蒲式耳，相当于 $8\frac{1}{2}$加仑），雇工生产不到 200 单位，牛轭级为 200—300 单位，骑士为 300 单位，而“第一级”骑士为 500 单位。不过，据斯塔尔估算，公元前 600 年，应有为数很多的雅典公民既没有土地也没有足以自给的财物（斯塔尔，1977 年，第 155 页）。

著名的梭伦改革表明，土地兼并和债务奴隶是一种日益严重的现象。由梭伦而后由庇西特拉图在土地所有权上进行的引人注目的变革，提高了公民中两个最低阶级的经济（和政治的）地位（从

① 希洛制，指斯巴达的奴隶制，斯巴达国家是在多利亚人侵入拉哥尼亚平原和征服原有居民的过程中形成的，原有居民大部分变成了奴隶，称为希洛人。——译者

而保证军事支持有了比较广泛的基础)。不过,一旦为雅典公民废除了债务奴隶,外邦人(大部分是色雷斯人、腓尼基人和叙利亚人)因此而大量沦为奴隶便不足为怪了。增长的奴隶人口主要被用于家务、采矿和其他非农业经济活动。但奴隶在农业中被利用到什么程度,是一个有争论的问题。

在公元前800至前500年间,有确凿的材料证明,专业化和分工在扩大,结果,内部贸易和外部贸易随着货币经济的兴起而出现了。[①] 许多兴起的手工艺活动和贸易由侨民(metics[②])控制,工资和利息一般也不受政府限制(《剑桥古代史》,第5卷,第1章)。雅典人越来越依赖从黑海进口谷物,这宗贸易主要也受侨民和外国人控制,作为国际贸易组织的一部分,他们也获得了海上货款。

公元前5世纪,即战胜波斯人到伯罗奔尼撒战争这段时间,是伟大的雅典时代。雅典人在政治上和军事上都处于希腊边界的领导地位;在经济上,则是一个以国际贸易和国内商业不断发展为基础的繁荣的时代。谷物、木材、奴隶和奢侈品的进口要用白银、橄榄油、陶器和其他出口品来偿付。雅典同盟者的贡物有助于维持雅典帝国的海军力量,于是减少了海盗行为,增强了国际贸易的安全,特别是使谷物贸易(这对雅典人的生存极其重要)有了保障。这种经济繁荣的基础,正是人(奴隶)和其他生产要素以及商品和劳务的产权结构,这一产权结构以法律形式逐渐从德拉古、梭伦、克

① 按照这项研究的理论框架,货币的发展依赖于衡量的技艺和统治者的收益。希克斯(1969年)出色地描述了与这一框架一致的货币的出现(《经济史理论》第63—68页)。他关于城邦对市场兴起的意义的论点与这里提出的论点也大体上一致。

② metics为享有某些公民权利的古希腊城邦的侨民。——译者

利斯提尼和伯里克利演变而来。

古典派学者强调城邦在雅典政治经济的这一演变中起了重大的根本作用，当然是正确的。另外，人们也同意波拉尼认为国内定价市场的形成和“管理贸易”在国际市场上的发展也是雅典城邦的后果这一观点（波拉尼，1977 年）；不过这一结构（以及由此而来的罗马共和国和帝国的经济组织）的逻辑含义却在历史上引起了争论，迄今没有结果。如第四章所指出，波拉尼从互惠角度分出一方面为市场、节约行为和资本主义，另一方面为再分配的和家庭的经济。后者的目的不同于前者，现代新古典（或马克思主义的）经济学不能对它进行有用的分析。在波拉尼看来，城邦的优势表明，后一种情况不仅支配了希腊而且至今支配着全部的经济。但是这种区分是不合逻辑的。国家是按主要权力集团（在这种场合是雅典公民）的利益来规定产权，而后受其制约，规定出尽最降低交易费用的经济组织形式：在这种情况下，一个自由的国内商品和劳务市场是靠产权结构来支持的，它一方面规定了土地资本和劳动的私有权和可转让性，另一方面控制了谷物的国际贸易以保证食物供给（往往按津贴价格）。波拉尼强调，当雅典的生存依赖于流动不息的谷物进口时，它是负担不起一个自由的国际谷物市场的。在这方面，他的看法当然是正确的。谷物进口对雅典（稍后对罗马）的战略意义，相当于当今 20 世纪石油对那些进口国家的战略意义；在政治经济中，这种相似现象确实十分引人注目（但没有人会认为保证石油进口的动机是非经济性的）。

在雅典衰落后的很长时间里，由城邦发展而来的政治经济，在古典世界起了主导作用。虽然马其顿腓力的遗产是君主制国家，但其子亚历山大强加于他所创建的希腊化世界的结构，却是由希腊城邦派生的。在塞琉古帝国，希腊的上层结构确实完全照搬到波斯帝国，在托勒密埃及，希腊的权力则被置于埃及的等级结构之上；而且东地中海那些富有生气的经济扩张中心，一直都坚持城邦传统。特别是罗得斯作为东地中海的经济中心，在公元前 3 世纪出现了。它不仅成了谷物、奴隶和其他东地中海贸易的集散中心，而且提供了金融业务、商法和使海盗行为减少的一支舰队。后来罗马出于妒忌使德洛斯成为自由港（并将大量的谷物贸易从罗得斯引开）从而削弱了罗得斯的优势，具有希腊化世界特点的商业扩张才仅仅囿于这一岛屿。

第　七　节

此后，西方古代社会的经济史便成了一部罗马的历史；罗马历史的核心像希腊一样，乃是发展起来的政治结构和随后形成的编纂成罗马法的产权，其遗产在现代欧洲大陆一直保留下来，像它之前的伊特拉斯坎人那样，罗马城邦与早期希腊城邦也有许多相似之处。它是贵族政治；但与希腊城邦的情形一样，军事上需要拥有一支自备武器的装甲步兵军队迫使贵族统治作出让步。韦伯认为，当骑士的简单战斗被平民的装甲步兵方阵取代时，军事上的保护关系（这时，被保护人得到了军事装备，因而跟随保护人参加战斗）变成了障碍而被自由的保护关系所取代（这时，无地的个人和已解放的奴隶为保护人提供劳役，而得到保护和支持作为回报。）（韦伯，1976 年，第 280－289 页）。十二铜表（公元前 450 年）提出了在政府中有平民代表。在债务、土地占有和公地分配上的争论与希腊历史有许多相似之处。然而，在三个重要方面却不尽相同。第一，虽然平民在以后的三个世纪中有了越来越多的政治代表，而且随着罗马的征服为公民开辟了新土地，公有地扩大了，但逐渐形成的政治结构并没有变成像雅典那样的民主政体：富有的平民出任执政官管理国家，而其政治结构从贵族制发展成寡头制。其次，在以后四个世纪，频繁的内乱甚至内战的焦点是土地分配方面的斗争。最后结果——尽管有格拉古兄弟及其他人领导了改革和革命——是土地分配越来越不平均，增加的公民部分并没有拥有土地，从而最后沦为城市无产者，而大地产则在罗马征服所得到的奴隶劳动的基础上发展起来。第三，或许也是最重要的，是城邦变成了官僚制帝国。重要的步骤是首先将公民制推广到意大利的其他城市，继而在恺撒和卡拉卡拉统治下延伸到意大利境外，结果，罗马的城邦让位于一种最终支配地中海帝国的政治结构。罗马的行政结构从城邦发展成帝国时期的庞大行政官僚制度，这一演进，在共和国时期便具有以下特点：元老院控制对外事务（《剑桥古代史》，第 8 卷，第 12 章），从与友好国家结盟，逐渐变成控制依附国家——同时继续勉强地对意大利以外的地区进行着管理（《剑桥古代史》，第 9 卷、第 10 章）。

不过，帝国的确扩大了。公元前 146 年，它拥有了 6 个行省：西西里、撒丁、两个西班牙、阿非利加和马其顿；在公元前 133 年，帕加马的国王阿塔罗斯把他的王国让给了罗马。在以上行省，行政结构是简单的。总督由罗马委派，税金要征收（与意大利不同），但地方自治一般是受到鼓励的，因为在共和国期间不存在文官机构(《剑桥古代史》,第 9 卷、第 10 章,第 466 页)。

一个后果是,收税人、私人承包商的作用扩大,他们不仅供应物资而且征收税金。[①] 这一制度是否像许多历史学家所认为的是无效的,并导致了因通过贪婪的总督和聚敛致富的收税人而引起大量租金的耗费,乃是一个有争议的问题。[②]

但不可避免的是,在奥古斯都统治下,罗马帝国终于发展了与波斯帝国和希腊化君主制颇为相似、也为更复杂的控制系统。即定期进行人口普查,建立文官制度,从元老院贵族中指定经验丰富的总督去管理行省,建立一支常设的职业雇佣军。将税收结构改变成不依赖于收税人,税收金负担不仅由外省人承担,而且也落到住在意大利的罗马公民身上(在此以前,他们为奴隶解放仅交付 5%的税)。

与这一政治变革相伴随,罗马法以要素和产品市场上专一个人产权为其基础得到了发展和阐释。雅典人的产权结构依据于法律,而罗马的贡献则在于,精心搞出了一个完整的民法体系,从而使高度发达的交易经济的契约关系——公元后头两个世纪已在整个地中海世界发展起来——得以巩固。商法的编集成典,是罗马社会的一项主要经济成就。涉及奴隶(早期帝国劳动力的主要来源)产权的财产法也具有同样重要的意义。

① 参见巴迪安的论著(1972 年)。

② 传统的观点见于《剑桥古代史》第 10 卷,第 7 章。参见巴迪安对收税人的一种相反的看法(1972 年)。

第　八　节

人口增长是古代经济史上最重要的基本要素；对古代社会经济成就的评价，确实应从人口增长开始。定居农业增加了食物供给，从而导致人口增长率的提高。由于人口集中在定居的村落，传染病的传播增加了，从而也可能使人口增长定期受到较大程度的抑制。但是，人口增长以及那些使两河流域的早期帝国兴亡的人口迁移，至少部分是对人口压力的反应，正像多利安人在希腊的扩张一样。我们有更确实的理由将腓尼基人、希腊人和罗马人在地中海和黑海的殖民化说成是人口增长的一种反映，同样，我们也可以把它看成是发展母邦和有补充资源的地区之间的固定贸易模式的一种反映。如果移民和殖民化是人口增长的一种反映和反应，那么，专一个人产权的发展和在土地分配上的冲突，便是另一种反应了。只要可以得到上等土地的供给，我们便应想到在移民、殖民和建立个人产权上花成本可能是不值得的；而在收益递减时期，这类活动却可能加快。

人口压力在当时也像在今天一样，是一柄两边开刃的剑。它是内外冲突、政治动乱和衰落的主要原因；但在这里，我要探讨它积极作用的一面，即导致社会革新政治经济组织形式来促进生产率提高到持续经济增长时期。不用怀疑，持续增长确实发生过。我不是指在这几千年间导致对整个地中海湾拓殖及在北欧和北非扩散的那种广泛增长。相反，我指的是人均收入增长，即每隔很长一段时间，产量就比人口增长得快。雅典在公元前 5 世纪与斯巴达爆发自相残杀的战争之前，罗得人在公元前3世纪控制东地中海时代以及罗马帝国在公元后头两个世纪，显然便是这种情况。当时人的描述，提供了大量有关经济繁荣和主要人口生活标准的定性资料。确实，在新石器时代，为数很多的人只能勉强维持生活；他们的生活标准，大体上可能就是这种状况。在公元前500年，只有富人才有酒喝；而到前200年，酒的消费扩大到收入较低的集团。橄榄油的应用同样也扩大了，并有证据表明，当时食物种类增加了，有肉、鱼、水果和蔬菜等（福克斯，1955年）。奴隶制推广本身，就表明自由劳动者高于最低生活标准，不然，奴隶制便不会是一种有生命力的制度。

生产率提高，这一经济原因是古代文明繁荣的基础。我们无需为了说明这一点而扯远了。国家制度组织的改进（我们依次对埃及、波斯、希腊、罗马进行了考察）导致了交易费用下降、地区专业化发展和市场扩大。产权在和平时期增强了安全感——如公元后头两个世纪——从而造就了一个泛地中海市场。除了与经济组织改进有关的生产力增益外，这八千年间还发生了巨大的技术变革。当然速度与现代社会相比是缓慢的；而且从青铜过渡到铁、从象形文字和难解的符号中衍生出文字（这对契约的说明和使非个人交易得以发展的衡量费用的下降至关重要）、农业技术的改进以及工程的发展，也仅仅是这数千年间巨大技术变化中最重要的一部分。①

无可怀疑，在古代社会的确发生过持续的增长。公元后第二

① 参见霍奇斯所作的一个资料丰富的概述（1970年）。

世纪，罗马帝国自由居民的人均收入，可能超过了 19 世纪以前的任何社会。不过，如果不对伴随这一增长的财富和收入的分配加以说明，这些论述是不完全的，而我们在这方面的知识如同讨论增长情况一样也是不精确的。不用怀疑，收入变得越来越不平等。在新石器时代，乡村没有什么差别，而分工和专业化出现以后，则确实带来了较大的不平等。不过，这一范式不是都一样的。埃及王朝不平等之严重，跟罗马帝国的不平等状况一样。在那些地方，某些贵族的财富大得惊人（据普林尼说，尼禄时代 6 个贵族竟拥有北非的一半）。然而，人们从公元前 5 世纪雅典人的文献中得出的印象，则是财富在自由民中分布得比较适当。不过，后来出现了财富和收入在自由民中越来越不平等的趋势和劳动力沦为奴隶的比例上升的趋势。

本章从新石器时代的原始村落开始，以罗马在公元后第二世纪其权势臻于鼎盛时截止。人类学家现今正在新几内亚非洲和南美洲考察的那些原始社会的遗存，为我们提供了肯定与原始村落相似的某些迹象。至于希腊和罗马社会的成就，我们仍可以看到巴台农神庙；看到罗马人在尼姆引水道上显示的工程成就；读到修昔底德、波里比阿或李维的历史著作；观赏到阿里斯托芬的戏剧。这种文化的创造，千真万确是堪与现代相比的、令人难忘的成就；但它一直被经济史学家置诸一旁或弄得含混不清，其原因在于，横在中间的“黑暗年代”似乎使它变得难以理解，而不是成为经济史学家在研究中可以证明的题材的一部分。然而这些成就无论按文化成就还是按更切实的经济成就来衡量，都是我们的遗产，并占了我们经济史的五分之四。

第九章　古代社会的经济变革和衰落

第　一　节

无论在人均实际收入下降的绝对意义上，还是只在与竞争的政治经济单位相比的相对意义上，一切社会最终都得经历经济衰落。通常，经济衰落导致国家作为一个君主国的消亡；而假定第一编提出的模型含有内在不稳定性，那么出现上述情况便不足为奇。不过，有些社会已经显示出异乎寻常的长久生存的能力；另一些社会却显得缺乏这种适应能力。罗马的覆灭有如其存在近乎一千年那样令人注目，比历史上的任何事件更鲜明地标志着一个时代的终结。

第八章以简要讨论古代世界财富和收入的分配而结束。我们对经济变革和衰落的探讨即从这一点开始，因为，无论是国家内部还是国家之间，为财富和收入进行的斗争，是这种变革和衰落的最重要的原因。

前一章的中心是组织的政治形式的革新和演进以及由此产生的相应的产权结构。埃及王朝的特征是，除喜克索斯人入侵外，未介入外部竞争，新王国的内部结构没有相当于法老的替代物；经济稳定，但可能没有生产力的增长或增长很小。波斯诸王统治下的经济增长问题没有解决，而总督中一直存在着国王的潜在竞争者，这对波斯内部政策有重要影响。希腊城邦的演进，基本上是由军事安全需要和内部争夺土地产权分配（财富的基本来源）之间的紧张关系制约的。在罗马共和国的整个发展中，都存在这样的紧张关系。

古代世界的突出特征，是战争常常使胜利者受益。罗马人的凯旋，便是用奴隶和黄金来大肆炫耀胜利者的掳掠；这些征服带得的土地，也在胜利者中分配。在罗马帝国后期，蛮族只需通过有威胁的入侵，便可以从罗马人那里掠到大宗黄金。军事征伐告捷以及随后将掳获物分给忠实的部属和士兵，曾经是雄心勃勃的罗马人在政治上成功的一个重要手段，正如扩大附属区提供了巨大的税基和廉价奴隶劳动的供给。

第　二　节

甚至在没有人口增长的情况下，也会发生为再分配财富而争夺对国家控制的斗争；但正是人口增长，在形成这几千年间冲突与调整的模式上，发生了深刻的、根本性的影响。

在第七章，人口压力被描述成定居农业共同体代替狩猎、采集群伙的原动力。在那一章应用的模型中，狩猎、采集劳动增加，而收益递减。相反，农业投入增加则收益不变。农业的相应增长，致使第 8 章所描述的那些文明渐渐出现。也使人口在这八千年间，相对于狩猎、采集社会的局限，而有大幅度增长。由于发明公有产权提高了获得新知识的收益率，因而，有了两个互补的增长源，使人口得以增长。一个是可以开发并用于农业的土地和资源的供给；另一个是由动植物驯化和农业技术变革带来的生产力增长。但是，可以利用的土地和资源的供给是有限的；而认定生产力提高会自动跟上人口增长，也没有逻辑依据。调整的过程，有时是成功的：第 8 章强调了文明的发展。不过，人口这把剑的另一面锋刃，在古代世界同样会显露出来。

我们可以简要地勾画一下由于人口增长和收益递减而造成的衰落的特征。某些政治经济单位可能正经历持续的按人均计算的经济增长，因为仍有丰裕的上好土地，非农业部门收益递增超过农业收益递减，或者农业产权的改变引起生产率增长抵消收益递减。同时，另一些国家可能正经历实际收入下降，因而入侵和征服富有邻国的诱惑越来越大。结果，繁荣的经济便要为入侵者行贿，或使军事支出增加，没完没了地付费。增加的税赋，由政治影响最小的那些团体承担；但随着成本继续上升，国家的统治者被迫还得寻找他们所能得到的任何岁入，即使要冒脱离选民或抑制生产活动的风险。结果，不是促使选民转向对能为他们提供更好条件的竞争者——包括在某些场合下潜在的入侵者——效忠；便是导致产品和资源部门产量停滞，乃至绝对下降，从而最终减少税收（和败在入侵者的手下）。实际上，征税和没收财产使产权结构改变以致从事生产性活动的刺激削弱了。

以上这种情况可以被称作为“蛮族叩门”。还有第二种情况，即从内部腐败。人口增长和农业收益递减——已导致一个政治经济单位实际收入的下降——有代表意义的是，刺激了为规避这种两难困境而作的各种努力。如前所述，殖民是一种常用的办法；对土地仍充裕的邻国进行征伐，是另一种常用手段。如果没有这些手段，内部政治结构面临的压力会越来越大。小农至少最初对现存国家的统治者影响不大。相比之下，土地所有者不仅易于接近统治者，而且希望重组产权，废除公有制和争取租金提高。这种对产权的重新确定，将否认小土地所有者或无地农民享有以前归他们使用的土地。因而，财富的再分配实际上对大地主们有利。国家统治者对这样重新确定产权是有动力的，因为，这种做法将增加产量和税收。不过，国家统治者毕竟太冒险了，因为这种做法会促使许多潜在的竞争者公开争取对政府不满的团体的效忠和支持。如果没有大量详细的规定，后果将不堪设想，当然，各种妥协方案（如小恩小惠）、部分土地分配计划，还有征服和殖民或许会推迟那样的结局。二者必居其一，要么人口增长会放慢，甚至可能将生殖率降得很低，致使人均产量增长上去——特别在重新确定产权为生产率增长提供了一种刺激的情况下。要么一个受到无地者支持的对手，可能取代现有的统治者，继而对土地重行分配，把土地分给无地者；然而也就使产权改变，以致使生产率的提高得不到鼓励——例如，采取土地不得转让或对农产品销售实行限价的办法。

第　三　节

无论古代世界的稳定，还是以上述结局呈现的变革，大部分都经得起第一编提出的古典派和新古典派分析的检验。在本节，我将作一些具体的应用。

1. 变革的积极力量绝大多数是与改变制度有直接利益的个人。而大部分人的典型反应是被动的和迟钝的。一个在长时期里显示了稳定性的社会，其特点为有一个稳固的结构，而不容许出现竞争者对统治者挑战。如在埃及王朝，竞争被限制在继承权方面；在新王国以前，有过贵族，教士和法老之间的斗争，但在那之后，制度一直很少变革地存在下去。马克思（还有别人）一度认为，东方的生产模式是一种独特的、无变化的制度。独特之处就是，政治结构稳固，不容许内部竞争者发展，再就是地理上封闭隔绝，从而提高了外来竞争者的侵略成本。不过，还有两个重要的特点。在对尼罗河的一体化控制中，真正的规模经济导致了中央集权官僚制度的建立并使之成为一个整体稳固的结构。[①] 另外，埃及在罗马帝国开始以前的三千年间，人口肯定是以较低的比率增长的，结果，没有发生收益递减。虽然收入分配极不平等，但埃及被视为罗马最富裕的行省之一，是其主要的粮食供给来源。极不平等的收入分配，可能使农民处于很低的福利水平，这对将人口增长控制在低水平上，从而带来长期稳定而不是古代西方世界其他地区所特有的长期动荡，具有重大影响。[②]

2. 在古代世界的其他地区，人口增长是通过土地相对短缺加剧（即相对价格变化）引起变革的。从美索不达米亚的赫梯人和阿

① 对威特福格尔的水利社会来说，埃及比他援引的其他大多数情况更合适。

② 威廉·麦克尼尔在《瘟疫与人民》中提出的人口稳定系因寄生虫病削弱了农民体质所致的论点与这一论述一致。

摩列伊人的迁移，到赫尔维蒂请求罗马准许他们越过高卢，以摆脱先进的德国游牧民族的压力（这带来了公元前58年尤里乌斯·恺撒的重大胜利），再到罗马帝国后期，游牧部落进逼罗马人在多瑙河和莱茵河的防线，移民、征服和战争都是由人口压力造成的。哪里还有空地，便可能发生殖民——而最后的结果，是对欧洲和近东的拓殖。在内部，土地影子价格的上升为发展专一个人所有权带来了越来越大的压力，致使围绕土地的斗争遍及古代世界。

3. 以征服和革命的形式出现的变革，是由统治者或代理人鼓动的。从萨尔贡在美索不达米亚创建的第一帝国，到阿拉里克在公元410年攻陷罗马（传统的看法认为，这是帝国在西方的终结），发动战争的都是国王、法老和首领。其他方面的革命，则通常由统治者的代理人——总督、省长、附属君主或军事长官策动，围绕土地的内部冲突，激起了意欲控制国家的竞争野心：在雅典，有伯里克利和西门，在罗马内战中，主要人物有格拉古兄弟、马里尤斯和苏拉。

4. 国王、篡位者和改革者用选定的刺激口号来吸引追随者：在战胜的士兵中间瓜分战利品（包括授予土地），提供免费的军事保护，应允将土地重新分配给无地者；至于乌合之众，他们有时干脆就收买、煽动。

5. 奴隶制的兴衰反映了其盈利性的变化。奴隶供给在希腊古典时期直至罗马帝国都是通过征服来扩大的，而在帝国的头两个世纪，则靠奴隶繁殖来增加供给。由于当时正值和平时期，奴隶价格上升得很快（琼斯，1966年，第296页）。对奴隶的需求，反映了奴隶对自由劳动力的相对盈利性：在希腊，最初反映在采矿和家务上；而后在罗马共和国时期，除采矿和家务外，由于市场扩大，使大规模农业有利可图，又反映在大庄园对奴隶的需求上。连罗马帝国时期奴隶的普遍解放，大体上也可以从经济方面找到解释，因为奴隶们提供的激励制度，已导致增加的边际劳动足以补偿主人在废除奴隶后未来的人力损失。奴隶制的衰落，反映了奴隶制盈利的下降。当奴隶价格升到相当高的时候，如罗马帝国头两个世纪所表明的，用自由劳动来替代，便成了有盈利的事情（琼斯，1966年，第296页）。相反，在帝国后期，当自由劳动价格或对农产品的需求，由于贸易中断而下降时，将奴隶（和自由劳动）变成隶农(coloni)便不失为合理的反应。[①]

6. 在古代社会，经济活动地点的变化，有时是由战争、骚乱引起的，因而，相应缺乏可靠的产权；有时如罗得斯的情况，是交通和贸易障碍上的变化所致；但经常性的原因是技术扩散和相对价格变化。雅典在生产酒、橄榄油和陶器方面处于技术领先地位，并自公元前5世纪起在这些商品的贸易方面已卓有成就。不过，一旦新技术变成标准化并广泛传播，随着生产成本（质量不变）拉平和交易成本由区位决定，生产势必要扩散到其他地区。[②] 在公元后第二世纪，意大利面临来自阿非利加谷物、高卢酒和西班牙橄榄油的日益严重的竞争（冈德森，1976年，第54页）。随着城市在高卢的发展，地方市场的规模导致工业从意大利转移到高卢，结果，运

① 马尔克·布洛切在“Comment et pourquoi finit l'esclavage antique?”(1947年)中作了经典性说明。

② 参见杰拉尔德·冈德森关于古代社会在酒、橄榄油、陶器和玻璃吹制业方面技术领先的扩散效应（未出版的）论著。

输成本由于该地区有河网而下降，致使高卢成为商业和工业的中心（罗斯托夫采夫，1926 年，第 91 页、第 150 页）。

7. 帝国的官僚制度——埃及人的、波斯人的、希腊化和罗马人的——反映了在统治者与代理人之间一直存在的紧张关系，前者企图使其岁入最大化并控制其选民，后者的利益则很少与统治者的利益完全一致。尽管官僚制结构的演进反映了统治者通过改进对其代理人的监察，力图阻止租金耗费，但这种努力充其量只能取得部分成功。[①]

8. 政治稳定性的主要危机来自继承人问题。在罗马帝国，奥古斯都的帝位从来就不是合法世袭的，而事实上，世袭继承的只是规章。有时皇帝为了使继承有保证，在世时，便让其子嗣成为皇帝。不过常见的是，皇帝如果在没有继承人的情况下死去，围绕着合法继承人会爆发冲突或篡位者在部分军队的拥戴下会称帝；结果，似乎会演变成一场无休止的内战。罗马帝国已愈益成为一个军事国家，而军队则是这一变动中的决定因素。通常，是有实权的将军通过傀儡皇帝进行统治。[②]

第　四　节

如果说上一节的主题，似乎是老生常谈和不言自明的，那么重

① 例如，为了根绝参政权（官员出售）作了不懈的努力，但在罗马帝国版图内（从君士坦丁到查士丁尼）从来就没有成功过，尽管为了将它肃清已经作出了巨大的努力。参见琼斯（1966 年，第 148—150 页）。

② 参见琼斯关于帝国继承人的讨论（1966 年，第 125—128 页）。

要的是认识到考察古代世界的历史学家和其他社会学家已指出构成古典派和新古典派经济学基础的种种动力，是经不起古代社会分析的检验的。[①] 同样重要的是要记住，以强调稳定和变化开始的部分多半都可以用这些动力来解释。此外，还有一种情况也很重要，那就是反对这种分析并要求引入意识形态方面的考虑。

1. 早期社会、美索不达米亚和整整一千年埃及王朝的稳定，由于统治者以神自居而得到增强（其结果降低了实施成本）。

2. 尽管人口压力和为再分配财富收入而普遍争夺对国家的控制是古代社会变革的主要的长期动力，但它们没有完全解释犹太人为保持他们的同一性，历经几个世纪的迫害而进行的顽强斗争。他们的坚持不懈，迫使罗马人从恺撒时代起对他们实行特殊的制度。不得在安息日传讯或控告犹太人，不得征募犹太人，虽然犹太人不能建造新教堂，但可以修缮遭到破坏的教堂。君士坦丁改宗（312 年）前的基督教，在罗马皇帝断断续续的迫害下显示了同样的生存特征。而且基督教一经被采用，围绕着正确的神学解释的斗争，便使罗马帝国（东罗马帝国和西罗马帝国）陷入严重的纷争。强加于尼吉亚宗教会议（325 年）的君士坦丁教义，并没有带来持久的联合，而是诱发了经常伴以暴行和战争的无休止的教派分立。吉本的观点倒不必都接受，他认为，基督教徒和基督教教义的冲突在罗马帝国后期的事务中起过关键作用，从而使基督教在罗马帝国的衰落中的作用令人注目。不过，吉本生动描述了阿里亚争论、

① 参见前一章和芬利关于卡尔·波拉尼的讨论（1971 年）。不过，芬利的许多研究实际上是适合经济分析的（虽然他似乎没有意识到这一点），而且，他关于帝国覆灭所作的解释，如他本人所承认的，在本质上是经济的（第 176 页）。

多纳蒂斯特分立及其他许多教派对真理的要求而引起的冲突和杀戮。对帝国后期特有的宗教狂热来说，这种描述仍不失为一种清醒的回忆。①

3. 变革的力量也不都是国王、皇帝或其代理人，还包括下面这样一些人，像拉比·埃金巴·本·约瑟夫和他的门徒拉比·迈耶（是他们开始使犹太法典系统化）；②拿撒勒的耶稣；塔尔苏斯的索尔（他在基督教的传播上，也许有决定性的影响）；和公元后 7 世纪的穆罕默德。

4. 不止是有选择的物质刺激为犹太人反对希腊文化的持久斗争提供了基础，并导致他们在耶路撒冷（公元 70 年）和马萨达（公元 72 年）抵抗韦斯帕芗。基督教的传播，也同样充满了以思想信仰为基础的各种活动。

第　五　节

罗马帝国覆灭，是少数一直引起历史学家关注的问题。早在吉本的著作问世以前，它已经是历史学家关心的一个中心议题，至今仍然如此。道德沦丧、基督教、人力短缺、使用铅管中毒，只是就罗马衰落所作的一部分解释，许多学者认为，经济力量才是关键性的；③但古代社会不是受过经济学训练的学者们的领域，并且，许多被认为是解释了衰落的理由不仅含义模糊，而且一点也不中

① 参见吉本的著作（1946 年），尤其参见第 1 卷，第 21 章。

② 参见罗思的著作（1954 年），第 12 章。

③ 参见伯纳迪所作的精辟的概述（1970 年，第 16—83 页）。

肯。①

实际上，关于罗马帝国覆灭有两个问题要回答：(1)它为什么瓦解？(2)它为什么在西方没有被另一个帝国取代？后者帮助前者布置了场景。从共和国的庞培和恺撒时期到公元3世纪，罗马的军事优势是明显的。甚至到5世纪，罗马的小分队仍可以击败大股蛮族武装(琼斯，1966年，第228页)。只是优势已经小多了，而蛮族在军事上则越来越老练，轻易地削弱了罗马人的比较优势。当帝国的军事优势相对衰落向官僚控制费用上升联袂而至时，结局显然便是地方自给自治程度愈益严重而引起的失衡。

随着时间的推移，罗马人在莱茵河和多瑙河上游沿岸的防线，已成为越来越沉重的财政负担。为使蛮族集团不来侵犯，不光要向他们交付越来越多的黄金，罗马集团的开支也上升了：戴克里先统辖的军队的人数大概就有35万。此外，罗马还要免费供养它的12万公民。这样，一方面开支从而税收结构的需求一直在增长，而另一方面，税基却在侵蚀。享有优越政治权利的人是被免税的，于是，得到政治优惠的团体便加重了负担。这样一来，市民和农民慢慢地对他们在罗马人与蛮族人之争中归哪一方便无所谓了(琼斯，1966年，第368页)。

要注意的是，税收增加本身不引起经济衰落，如果支出增加导致公共产品的增加，这一点很重要。但是，就罗马来说，为了提供同量的防卫却需要不断增加税收。另外，税赋的转移最终产生了

① 关于经济学家对这一理由的看法，参见冈德森的论述(1968年，第43—68页)。

一种对经济活动的自我抑制作用，最后，使税基受到侵蚀。事实上，这么改变产权再也造就不出有生气的经济制度了。

自从吉本论述罗马帝国衰落以来，我们在某些方面一直有误解。似乎真正发生过的是上述事件最终导致的衰落，以及经常被描述成黑暗年代的那种情况。然而，当时的进程与一种简化的衰败模式并不相符。比较恰当的描述，乃是各个选民作为号称世界大帝国的罗马的成员，他们的利得随着他们税金的增长和他们所享有的贸易保护遭到侵蚀而有大幅度下降。帝国的各个部分越来越发现，地方单位为它们提供的保护，多于它们从内部折磨罗马国家的争吵中所能得到的保护。于是，它们开始相信它们的福利要靠地方自治。[①] 短期后果无疑是它们不再忍受罗马国家的重负，长期后果是地方自主滋长了，贸易因长途贸易不再有保护而下降了，经济结构也发生了重大转变。奴隶制不再有盈利，因为不再有大规模的市场，结果，依附劳动的农奴日渐更适合一个地方自治和很少有贸易的社会。

作为对衰落原因的一种纠正，我们应当说，罗马帝国存在的理由，只有当其军事优势丧失殆尽及幅员广大的国家不再为产权提供保护和实施时方才消失。

罗马帝国的分裂，也许是经济史上存在的最令人注目的界标。对西方世界来说，它预示了一个几乎达一千年之久的小规模政治经济单位阶段的开始。大规模政治经济单位所具备的优势，在以后的年代不是不具备，便是严重削弱了。诚然，在东方，罗马帝国

① 参见冈德森关于这一论点所作的阐释（1968 年）。

还存在，一直到君士坦丁堡于 1453 年被土耳其人最后占领为止；诚然，按新宗教的神圣信仰建立的穆斯林世界，在北阿非利加还创建过伸入欧洲的帝国。不过，这些例外和为时短暂的加洛林帝国，并不否定这样一个重要之点，即，使一个帝国有可能控制整个地中海世界的那种规模经济确实已经不复存在。

第十章　封建制度的兴衰

第　一　节

罗马帝国是在公元 5 世纪的乱世中消失的；一份多少有点武断的历史年表，将封建主义的终止期定在大约一千年后即 1500 年。在这期间，西欧逐渐从罗马秩序瓦解引起的无政府状态中显露出来，并发明了一种足以带来秩序和稳定的政治经济结构，接着，又引起一次次导致这一结构解体和预示民族国家发展的变革——而后，才出现最近四个世纪的经济发展。

重要的是在开始时指出，在西欧游荡的日耳曼人游牧民族，相对而言，是原始的部落集团，“黑暗年代”的历史（就我们所知）并不是较早出现的希腊和罗马文明的重演。诚然，人口变动和战争特点在这两个例子中都起着决定性作用。但西欧的出现，基本上是由希腊—罗马文化的遗产所决定的，这一遗产（特别在南欧）保留了下来，作了一些修改，最后形成了 6 至 10 世纪的多种制度。庄园似乎直接承继了罗马的田庄（villa），而依附的隶农（coloni）则是封建社会农奴的前身。奴隶制也一直持续到中古时代。罗马法的遗产保留下来了，并在近代欧洲产权结构的形成中再度充分发挥了作用。

将古典社会的文化遗产一直保留到中古时代的乃是教会；教会是学识储藏所，是人迹罕至的文化中心。寺院在中古时代经常是最有效率的农业中心。[①] 教会的作用不可一概而论。一方面，教会是罗马帝国后期上层臃肿的官僚制度、物质财富的重要中心，靠出售对灵魂的拯救换取财富和土地。另一方面，教会是禁欲主义的，其成员是一些过着极简朴的隐士生活、信仰虔诚的传教士。比如，在8世纪皈依了内德意志而于754年在弗里西亚殉难的博尼费斯就是一例。[②] 就其第一个方面的能力而言，教会具有一个国家的特点，有统治者教皇，还有一个庞大的官僚制度，教皇通过这个制度聚敛财富和集中权力，结果，其代理人（大主教和主教）本身中饱自肥，变得既富有又有权势。教会像国家那样，出售保护和公正；此时还出售对灵魂的拯救。这样，它对世间民众拥有一种绝无仅有的控制，在这个尘世上，大多数民众前世注定的命运，被认为就是堕入阴间地狱。这种思想信仰连同教会的禁欲方面，都给中世纪生活烙上了特有的印记。

西北欧——在那里封建主义是逐渐出现的——气候与一直是希腊、罗马文化发祥地的地中海岸不同。与地中海地区不同，西北欧降雨量充沛，森林密布，土地泥泞难耕。虽然葡萄种植向北移到了莱茵河流域，但与地中海岸相比，高卢和英格兰更适宜于牲畜饲养和谷物生产。气候条件的微小变化，引起了农业产量的巨大变化，有时甚至是灾难性的变化。

① 参见达比关于克卢尼祝福修道院的组织所作的论述（1974年，第213—221页）。

② 参见普雷维特—奥顿的论著，第1卷，第12章（1966年）。

如果要描述一下这一千年结构的特征，可以认为，这是一个日耳曼人和罗马人的制度由于屡次战争、入侵和动乱而渐趋合流的时代。加洛林帝国出现了，并且在查里曼大帝统治下，似乎成为罗马帝国在西方的复兴；但在北欧海盗、马扎尔人和穆斯林人的入侵下，很快便发生了崩溃，渐渐出现了一种封建结构，即分权的政治组织、等级财政义务，和以相对自给自足为特征的庄园经济结构。经济活动恢复了，地方贸易和长途贸易发展了，城镇兴起了，城市手艺人的产出增加了，货币经济也扩张了。最后，封建庄园结构在饥馑、瘟疫和战争充斥的一个世纪中瓦解，而逐渐代之以较大的政治单位和一组其变化依君主和选民集团的谈判实力而定的关于土地、劳动和资本的产权。

第　二　节

本章的重点在封建主义的兴起和衰落；人口变化和战争为解释有关结构的变革提供了钥匙。战争是政治单位规模和结构的决定因素，人口变化通过它对土地和劳动的相对价格的影响，在经济组织和产权的变革中起着同样有决定性的作用。让我们先说明一下封建庄园制的一般特征，再探讨人口和战争在这组制度安排的兴衰中所起的作用。

10 世纪的西欧经济具有以下起码的条件。法律和秩序一般只在定居区内存在，这个条件严重限制了贸易和商业；因为商品受较高的交易费用的限制，故而商品一般比劳动的流动性小得多。

土地充裕，然而它只有与劳动和保护相结合才是可贵的。因为土地相对丰裕，当劳动与生产产品的土地结合时，劳动呈现费用不变。由于城堡的不可分性，就这一点说，保护是有规模经济的。不过，随着领主保护的居民数增多，已耕地与城堡的距离拉长了，最后导致保护费用上升。简言之，保护呈现出经济学家所熟悉的那种 U 形成本曲线。庄园的"有效"规模，决定于提供保护的边际成本等于领主在边际劳动产品中所占份额的价值（即税金）。

当地的城堡和骑士是保护的关键。地方领主与大领主一直到最大领主——国王，在封建义务等级制中是有联系的。在地方领主和国王之间可能有几个中间等级；而在每一个等级上，较低的领主都得为其直接上司提供兵役。封建主义的产权，实际上是一种土地使用权的有条件的转让，而得到的回报则为兵役。在封建主义从罗马覆灭后的几个世纪的动乱中兴起的过程里，领主及其骑士已不仅成为一个武士阶级，而且变成了一个高度专业化的统治阶级，其生存和存在的理由都依军事技术而定。[①] 骑士风尚似乎使这个阶级罩上了一轮思想上的灵光，该词令人想起亚瑟王、圆桌会议、兵役、风度翩翩的谈情说爱，然而，实际上对这个阶级来说，该词的真谛是靠暴力生存。

这个结构的基础——它提供了产品的丰饶产量和劳务，而得到的回报为已存在的各种保护措施和公正——是奴隶、农奴和自由劳动者。虽则奴隶制在某种程度上延续到中古时期，但特有的

① 本章前面提到达比著作的法文书名《Guerriers et Paysans》，而最初的书名比一般化的英文书名更好地抓住了达比对 7 至 12 世纪研究的精髓。

庄园组织是在佃农和自由人的基础上建立的;《剑桥中世纪史》对这一结构作了很好的概述:

“英国的‘庄园’是最有特色的庄园乡村,虽然其分布范围最狭小,然而是组织得最严密、也最持久的形式。它包括经济的和行政的这两种完全不同的成分,并力求达到两个密切相关的目标,即维持村民的生计及领主的收益和权力。在整个基础之上,是乡村共同体。在简短的描述中,受无数参差不一的情况所限,只能得出一个平均数。在正常情况下,村民(villanus villein)拥有30英亩庭院地和条状地(或其一半,bovate),这些土地,一条条稀疏地散布在庄园的两三处敞地上,庄园的土地可能与乡村大小正好相当,也可能只是乡村的一部分。村民对其条状地的栽培、耕作、播种和收割都遵照庄园的规定(‘习俗’),在敞地上,几乎不可能随意耕作。每年两三块地中轮流有一块地(看情况而定)休闲,不加圈围,用来放牧牲畜;已耕地四周则要圈围起来。他自己的牲畜有一定数目,在‘荒地’上自由放牧;他有自己的一份草地。庄园领主自己掌握的条块地即领地与敞地上承租人的条块地相间。不过,有一种强大的趋势,将庄园自用农场的领地分出来。村民为承租土地,得在这种领地上提供很大一部分劳役。每个佃农家庭(一个劳动者)通常一周有3天要在领地上从事耕作,包括提供其分内的犁、牛和各种劳动运输工具。雇农(cottars)(其财产相当少)交付的劳动当然少一些。在最繁忙的收割期,还需要各种帮工(boonwork),这时自由民、佃农和其他人

(在交付租金或履行其他自由契约条款下占用地产的人)还得提供部分劳役。不过,自由民可以按佃农占有条件拥有土地,反之亦然。开垦的荒地通常不用负担苛重的租佃税。庄园佃农和自由民承担的各种税用家禽、鸡蛋或其他特殊的给付来缴纳。佃农除被束缚于土地外,其女儿结婚须交纳婚嫁费(merchet)和依附金(formariage),他死了要征收他最好的牲畜作为遗产税(heriot)或称死手权(mainmorte);他要按领主的意愿交付货币税金;他的谷物要在领主的磨坊里碾磨;在法兰西,领主的烤炉和酿酒榨汁机是封建领主的专利品。佃农可能被选为采邑管理人和乡村庄园经济的其他小头目。其处境由于庄园习俗的发展毕竟有所改善,无论如何,使他苦恼的那些勒索被固定下来,从而使他能保有自己的遗产。他像自由民一样,出席庄园法庭,庄园的习俗及其实施是在这里发布的。许多庄园领主将管家和代理人派到各地去收取利润、征收农产品,作为他在定期居住地的给养。总之,村民除维持生计外,他们的劳动为好斗的统治阶级和有关的教会上层人士提供生活资料,通常他们都把自己所得到的短暂的和平、正义和启蒙归功于以上那两种人。"

像封建等级制的上层结构一样,佃农和地产拥有者的产权,是一种土地占有权的有条件的转让,用来交换上述的各种劳役、实物产品和货币给付。这一庄园结构有三个方面引起了许多争论。这三个问题是,劳役是农奴和自由劳动者对领主义务的主要部分;农奴制的基本特征是一种制度;各个劳动者的条块地,如以上引文所述，散布在敞地上。

我和罗伯特·托马斯在较早的研究（1971 年，1973 年）中，为劳役和农奴制的特征提供了解释。我们认为，劳役是在没有专业化和交换时形成有组织的市场而需要极高的交易费用的一种结果。在这种情况下，合意的消费项目通过将劳役分配去生产合意的产品和劳务的组合可以按较低的成本来实现。总之，领主利用归他所有的劳动捐来增加他想要的产品较之每次他希望消费下个季节的不同产品时与其他农奴进行商议的花费要少。缺乏市场，使劳动捐成为最有效的经济组织形式，尽管这种安排含有对怠工的鼓励。为了降低怠工的费用，庄园习俗（法规）为不同任务规定了劳动时数，确定了管理员来监督农奴劳动，并对发现的怠工者处以罚金。

至于农奴制是一种制度的问题，我们证明，它在实质上，就是以上所述的那种契约性制度，还有，庄园制度最突出的特征就是实施农奴—领主契约的性质。由并非公正的第三方来执行合同。即庄园法庭执行庄园的习俗——不成文法，在法庭上，庄园主或其代理人作为仲裁者主持其事。然而，庄园主却是与其农奴有利害关系的一方。这样的安排，显然为领主剥削其农奴提供了许多机会。不过，领主毕竟受到了一种制约，从而有效地限制了他的权力。劳动短缺，领主便经常要为农奴而竞争，而且未必能使逃亡的农奴返回。这样，领主便受到一种刺激，不得不遵守带有庄园习俗痕迹的契约安排，并把它们看作是“约束”。如果他不这么做，他的农奴便会毁约逃离庄园。

我们就劳役和农奴制的契约关系所提出的论点，引起了大量争论，我们从中获益匪浅。根据那些批评和有关问题的文献，我将对这两个论点加以修改。[①]

对于我们有关劳役的论点，主要的批评是在11、12世纪时市场远比我们所说的普遍，因而，通过市场获得大量消费品的交易费用与分配劳役相比，并不是一种成本高的选择。波斯坦(1972年，第11章)令人信服地列举了中世纪英格兰的贸易多于我们模型所说的。达比描述了1100年以后在大陆北半部劳役制瓦解的情形，在那里，货币经济的发展起了决定性的作用。领主发现，比较有利的是出售自由，从他们对面包烤炉和磨坊的垄断中获取收入及用租金收入来代替劳役。总之，比较明智的做法是"不要人'当差'了，困为，那些服劳役的人'漫不经心、没精打采、得过且过'、产出甚少所费甚多……因而，比较可取的是，将这种'当差'换成农民比过去更容易到手的现金"(达比，第226页)。[②] 达比分析的推论是，在要素和产品市场上，贸易和货币交换的发展比我们的分析提到的要早一些。显然，他的论点与认为劳役早已存在可能是由于货币经济发展前交易费用高的观点不一致。[③]

我和托马斯关于农奴制的基本性质的论点，就更容易导致批评了，这不仅因为我们将关系纳入契约的框架之中，而且我们对安排的片面性未给予足够的强调。如同我们对结构所描述的，它显

① 参见芬诺阿尔蒂的论述(1975年a)。

② 第八章讨论货币支付的总趋势。

③ 芬诺阿尔蒂根据领主在其自己的领地上用的技术比较优越或经济组织形式虽然经济效率低、但维持了领主的优越社会地位，提出了另一种关于劳役的交易成本论点。

得太像是保护和公正对劳役和实物支付的平等交换。而芬诺阿尔蒂(1975 年 a)指出保护和公正并非真正的公共产品是正确的，因为可以按低成本把农民排除在外，比较准确的看法，也是一种与第一部分提出的国家理论相一致的看法是，武士阶级与秘密团体相似，从农民那里榨取收入。阿卡迪乌斯·卡亨(1973 年)在对农奴制的一次有创见的讨论中强调，沿用至今的关于农奴—领主关系的契约概念，是一个令人印象深刻、却会引起误解的现代概念。农奴受领主约束，他的活动和迁移受其地位严重制约；而自愿协议是不含有这种情况的。不过，重要的是再强调一下我们分析的一个关键点：即，使庄园制度发生变革并最终导致其瓦解的，是边缘部分领主和农奴的机会成本的改变。

分散的条状地的存在，诱发了许多交易成本论点来解释个体农民耕作一块块散布在典型庄园的整片三圃田上的条状地是明显无效率的。两种解释已经展开。综合起来看，它是农村决定的结果；分开来看，它是一种对地产集中风险上升的反应——即一种保险方案——(麦克洛斯基，1976 年)，又是一种双重生产功能的后果，这种功能要求将大地产保持为一个单位，以期实现牲畜放牧的规模经济——因而坚决要求按村庄划定单位(达尔曼，1980 年)，或是大多数乡村成员所采取的平均主义立场的后果(乔治斯库—罗埃吉恩，1969 年)。

另一种解释强调统治者对被统治者的剥削关系，并证明分散的条状地的存在导源于领主为检查佃农和自由劳动者的产量，以便能减少消极怠工(霍尔，未发表的论著)和将农民的地产规模调整到最低限度，从而增加领主的领地(和收入)(库拉，1976 年)所作的尝试。

由于存在着不同的条件和多种安排，已不可能对条状地的延续所作的一个个可供选择的解释进行有效的区分了。每种解释都既有支持的证据，也有反对的证据。不过，如果第一编提出的国家模型已给定，检查产量以便以损害农民来增加收入，则应当是领主的一种合理的反应——如果领主的机会成本使这种做法成为一种可行的选择的话。[①]

第　三　节

人口及军事技术和组织，是一千年间变革的两个主要动力，我们关于人口的知识，从最好处说，也是很不完整的。学者们一般认为，罗马帝国后期人口在下降。这一下降，大概在6世纪时因鼠疫蔓延而加快了，鼠疫蔓延似乎使流行病延续到七世纪。如果在这以后人口开始了增长，如达比（1974年，第71页）所认为的，那么假如动乱的条件一直存在，增长必然很慢。

但封建制度为这一动乱世界提供了一种秩序和安全的手段，并导致人口和经济活动同步增长。西北欧大部分仍被森林覆盖，人口增长余地很大。由于人口增长最终引起人口拥挤以至当地收益递减，合乎逻辑的出路乃是殖民：兴建庄园，开辟荒野。于是边疆运动应运而兴。新庄园向西北欧延伸，此外，由于庄园间盗匪藏

① 东欧后期的农奴制似乎与这一模式相符，它是威托德·库拉的重要研究的中心。

匿的无人定居区渐趋缩小、城市发展受到鼓励(在那里可以发展专业化技艺,生产制造品)、再加上对要素禀赋颇不相同的区域的拓殖,贸易的潜在利得增长了。布尔戈尼、波尔多、摩泽尔的酒,英格兰的羊毛、德意志的金属制品、佛兰德的羊毛服装、波罗的海的鱼和木材等等,都表明在资源和人力资本投资方面,要素禀赋是有差异的。简言之,边疆拓殖运动导致贸易的交易费用下降和贸易收益增长。

市镇制定了各自的法律,并逐渐设立了各自的商事法庭。最初实施市镇法可能是采用贝壳放逐法,后来才发展了当地政治单位的治安权力。随着商业法规的颁布,它们在一个较大的地区得到了承认——例如查尔特·多莱罗恩(在法兰西的拉罗歇尔附近)法规,在 12 世纪时曾得到佛兰德、荷兰和英格兰的普遍承认。

在市镇里,为满足当地制造业主和商人的需要,发展了行会。围绕非农产品生产的产权是与行会不可分割地联系着的,行会的早期形式是自愿协会,但很快就变成了得到法律承认的国家的一部分。行会提供了最初的一套章程并私下维持秩序来保护其成员的财产,但在 12 世纪末,在意大利的一些城市,行会变成了政治行政机关的一部分。

在西欧,人口增长带来的一般收益递减,似乎在 12 世纪末便已发生。接着,要素相对稀缺发生了变化:劳动价值下降,而土地则变得比较值钱。土地价值上升,引起了各种尝试来规定专一产权和转让的可能性。在庄园里,如果所有居民有同等机会进入公有地,公有地往往会被利用过度。对这种利用作出的反应,是限制进入的庄园条例以习俗的形式体现出来。一个家庭在公有地上放牧的牲畜数受到限制，这类限制性安排已变成了习俗惯例。13 世纪，在英格兰，一个粗具轮廓的土地法发展起来，它以圈地为开端，而最后使转让土地真正成为可能。同样的发展也发生在法兰西的布尔戈尼和香巴涅。土地价值上升，增强了改变产权的刺激，结果使当时愈益短缺的资源得到更有效的利用。[①]

12 和 13 世纪是国际贸易繁荣时期。本章没有足够的篇幅，来追溯那些在发展已组织的产品和要素市场取代地方自给自足和以货易货方面起过创新作用的制度安排。香巴涅集市、威尼斯、热那亚和其他意大利城市经营的兴盛的地中海贸易、都市化的佛兰德的金属制品和服装贸易，不过是那个时代商业扩张的一些主要表现。从本章的观点看，最值得注意的方面，是对产权的保护，由自愿团体的私自行使转变为国家控制。各地王侯都担保（在有酬金的情况下）行商活动安全，对外商实行保护，为他们提供专一的贸易优惠，实行商事法庭仲裁，将产权转让或委托给兴起的市镇。

毋庸置疑，由于交易费用下降，非农业部门生产率有了大幅度增长；不过，这一部门仍然只占整个经济活动的很小一部分。人口增长引起农产品价格相对于其他产品的上涨，结果，实际工资在下降。人口增长加上收益下降，导致大多数人生活水平下降。农业生产受到了影响：出现了牲畜相对减少而谷物相对增多。这一变化反映在农民的饮食中为碳水化合物代替了蛋白质。西欧居民的生活接近于最低水平，连生存都失去了保障。14 世纪初期遍及西

① 就土地和劳动产权的变更所进行的详细议论，可参见诺思和托马斯的论述（1973 年）。

欧广大地区的饥馑证明了这一点，不仅如此，还预示着更坏的事情将会发生。1347 年的鼠疫变成了流行病一再发生，致使人口在一个世纪里可能都是下降的。因而，商业贸易的数量减少了。西欧经历了一场马尔萨斯危机。

在非农业部门，这一危机最显著的后果是行会势力兴起，为保护当地手艺人而组织起来，以应付市场的急剧萎缩。在保护当地垄断者不受外部竞争侵犯方面，行会的力量经常得到国王和大领主的强制权力的支援。汉萨同盟就广泛代表这样一种城市防御联盟，保护他们缩小的市场免受敌对城市的竞争。

在农业部门，再次出现了一个土地充裕而劳动稀缺的时代。各地贫瘠的土地不再继续生产；谷物种植变成牲畜生产；实际工资上升、租金下降。相对的议价力量从领主转移到农民一方。农民的机会成本提高了，因为逃往城市（一年零一天后得到自由）提供了一种使地方领主感到压抑的选择。尽管将工资调整到最大限额还要反复努力，但地主中间的竞争毕竟使租佃条件越来越宽容，工资也在增加，结果农奴制中的主仆关系让位于对不动产保有权的承认并终止了依附义务（虽然在英格兰，直到 1666 年，这种依附义务才被合法地廓清）。在英格兰，13 世纪时，自由人已经逃脱了庄园法庭的裁判，而得到国王法庭的庇护。久而久之，佃农也被置于国王的正义之下，而庄园法庭则慢慢丧失了司法裁判权。14 和 15 世纪的商业大收缩，诚然引起了某种回到黑暗时代的倒退，动荡不宁、战乱四起，致使所有权愈来愈没有保障。然而，贸易虽然减少了，但并没有消失；市场连同货币经济一道都保存下来了。

本节前几页所描述的变革，发生在整个西欧。人口压力和饥荒疫疠的影响是有地区差异的，但不管有多大差异，整个西欧都感受到了要素相对稀缺的变化。然而，以发展制度安排和产权来作出反应，在整个西欧则有所不同。为了论述适应这些变化而有所不同的模式，我们必须回到对中世纪社会变革起过作用的其他因素即战争的技术和组织上来。

第　四　节

前一章在以下这个问题上终止了：与军事组织有关的规模经济曾使一些大国和团体在幅员广大的版图内得以存在，但在罗马帝国后期消失了或被大大地削弱了。在下一个一千年，一个以劫掠、袭扰和勒赎为生的武士阶级，占据了舞台。这个阶级只稍稍受加洛林帝国的约束，甚至在与封建主义一道出现的保护和秩序有了相对增长时，这种生活方式也基本上没有改变。通常，战争规模不大，但很普遍。不过，到这个时代终结时，战争的特点发生了重大变化，这个武士阶级也落伍过时了。

当查理·马特于公元 753[①] 年在普瓦蒂埃击退阿拉伯人时，西欧的无政府状态才稍稍中止。公元 800 年，查理曼已兼并和征服了从穆斯林西班牙边区到萨洛林、巴伐利亚和伦巴底的意大利的广大地区，在该年圣诞节，查里曼在罗马圣彼得大教堂，由教皇加冕称帝。随之而来的加洛林王朝的复兴与早期的“黑暗年代”适

① 当为 732 年。查理·马特该年在普瓦蒂埃战役击溃阿拉伯侵略军，迫使阿拉伯人退回到比利牛斯山以南，这一战役的胜利，保卫了法兰克国家的独立。——译者

成对比,而它在9世纪的分裂和解体则令人信服地表明:有活力的政治经济单位的规模是比较小的。非集权的行政和财政结构出现了,实际上将其帝国暂时捏在一起,这是查理曼的创造。遗产瓜分引起内部冲突;北欧海盗、穆斯林和马扎尔人的袭扰则加快了分离。[①] 北欧海盗于786年出现在英格兰海岸,于795年出现在爱尔兰,于799年出现在高卢,于841年攻陷伦敦。海盗还乘着他们的长艇溯河而上,进攻像北方的鲁昂和南方的图卢兹这样一些完全分隔的城市。穆斯林海盗在地中海攻击基督教的船只,从南意大利到普罗旺斯都遭到了他们的劫掠。匈牙利人的骑兵,沿着古罗马大道,于915年侵入不来梅,于937年最西到达奥尔良。

一个远方的国王提供不了什么保护来防范这些掳掠匪帮。筑垒设防和用重甲装备骑士才是可行的应付办法。后者对步兵的比较优势由于马术的传布而得到了直接增强。这为乘马装甲骑士兼用人力畜力消灭对手提供了便利(怀特,1962年)。上述封建主义等级集权结构是有效果的。那就是出现了本章前面所说的地方秩序和经济扩张的恢复,另外,海盗也进入北欧定居,成为结构中的一部分。

军事上出现了相持不下的局面,从而增强了小政治经济单位的持久性。除了最持久、资金雄厚足以负担得起旷日持久的围困来饿死堡内居民的军事行动外,战争的特征一般是重甲骑士之间的小规模冲突。

① 根据有关加洛林帝国崩溃的描述。参见普雷维特—奥顿的著作第1卷,第14章(1966年)。

可是，如果说战争技术巩固了封建制结构，那么，由此恢复的经济活动却逐渐削弱了这个结构。货币经济的发展，导致了兵役免除税——一种代替兵役的货币给付。国王现在可以雇人当兵，来代替依赖一年服40天的兵役。国王军队的规模，现在依他的钱袋而定。从长远看，事实上一向因在军事上比国王强大而构成威胁的那些陪臣的权力削弱了。但从短期看——整个14世纪——战乱扩大，雇佣兵市场也随之扩大。雇佣兵一旦组成现有的帮伙，当发现敲诈勒索、抢劫有利可图时，便成了西欧灾难的根源。在一场战争中，无论受雇于哪一方，他们都利用这种有利机会谋生。

从13世纪到15世纪末，在军事战争方面出现了一系列重要的技术变革。[①] 长矛、大弩、大炮，最后为陆上战争的步枪和与海上大炮有关的海船建造方面的改进。1302年，在考特雷，佛兰芒的长矛手以实例证明，重甲骑兵容易受到长矛队的攻击；在克里西，又像曾在普瓦蒂埃和阿让库尔发生过的情形那样，英国大弩手与徒步骑士配合，击溃了法国人。在15世纪(1450年在福米格尼和1453年在卡斯蒂尼昂)，法兰西借助野战炮转败为胜，法国人在进入英国弓箭手的射程以前便把他们的队列击溃了。此外，围城炮的发明，摧毁了以往那些久攻不下的城堡，法兰西在1449—1450年收复了英国诺曼底的大部分筑垒防地。

我们已经知道，中古后期，从斯威士的长矛手到英吉利的弓箭手，这些有特长的雇佣兵既有效率又要谋取利益。他们不仅对敌

① 关于15世纪陆上战争的讨论，参见《剑桥中世纪史》(1969年)第8卷，第21章。关于海上战争的讨论，参见西波那的论著(1966年)。

人是危险的，而且对他们的雇主也是一种威胁，当他们不被雇用和薪饷无着时，便劫掠乡间。作为对已雇外籍士兵的这种掳掠行径的直接反应，法兰西的查尔斯七世于1445年创建了西欧第一支常备军。[1] 最后颁布了康帕格尼敕令，建立一支12 000人的军队，薪饷为，持有武器者每人每月10里夫都尔（livre tournois），其"随从"每人每月4或5里夫都尔。

究竟交换经济的发展是扩大战争最适规模的充足条件，还是技术创新扩大了战争规模，这仍可以争论。毋庸置辩的是，战争规模确实扩大了。结果，政治上的幸存者的条件急剧改变。幸存者现在需要的不仅是一支人数众多的军队，而且是一支受过训练、遵守纪律、由昂贵的大炮和步枪装备的军队。手持长矛的装甲骑士的时代已经过去了；骑士时代宣告终结。陆上和海上的战争（海船规模和武器装备增长得惊人）已经显著改变了幸存者所必需的财政资源的规模[2]。

到此，我们不妨将我们的历史叙述停一停，从经济理论中找出相似之处，或许不无裨益。让我们来考察一个拥有为数很多的小企业的竞争性行业。如果采用了一项变革使规模经济相对于市场规模更有效，从而使有效规模的企业必然扩大。从旧时的竞争性均衡到新的（也许是不稳定的）寡头独占办法，发展的轨迹如下。最初的小企业都要扩大规模，不是进行联合，便是被迫破产。为了

① 土耳其的贾尼西里斯早已证明了东欧常备军的优势。

② 参见比恩（1973年）及林格罗斯和罗埃尔的评论（1973年）。

幸存下来，将进行无情的竞争。不可避免的后果便是留下少数规模最优的大企业。但甚至这时，均衡可能仍不稳定。在一个寡头独占的情况下，要为合谋定价作出无穷的努力，而单个企业按照协商来行骗，却总是有利的。终于合谋时期中止，而继之以无情竞争的阶段。

如果我们将以上描述与中古后期政治领域加以比较，便会发现有许多明显的相似之处。在 1200 至 1500 年间，随着地方庄园让位于兴起的民族国家，西欧许多政治单位经历了一次次冲突、结盟和联合。这几个世纪，阴谋诡计充斥，战争规模空前。另则，国家的规模有时扩大了，但决定性的因素不是单纯扩大政治单位的规模而是能够增加岁入。竞争中的民族国家，都面临着支出的巨大增长。战争一年，意味政府的费用至少增加 4 倍——而大多数年份都有战争没有和平。以往靠他们自己就可以为生的国王们，再也不能这样下去。君主不断受到财政危机和债务日增的困扰，常常只得求助于危险的应急办法。国家破产的忧惧不仅是一种时隐时现的威胁，而且破产经常是一种现实。

直到 1157 年，佛兰德的伯爵才获取了其实物岁入的一大部分。在法兰西，可能要到 13 世纪，实物收入才显出是君王的收入。在封建时期，国王的宫廷习惯于从一个地方迁到另一个地方消费实物产品和劳务。随着货币经济的发展，岁入愈来愈货币化。不过，在 14 世纪和 15 世纪期间，岁入在下降，因为人口在减少，地租也就减少了——更确切地说，其时生存需要有更多的岁入。

面对着岁入下降和财政需要增长，欧洲的君王们陷入了一个空前严重的两难困境。他们从小领主那里强征到的税收，受到了习俗和传统的限制。如大宪章所证明的，一个国王如果逾越了公认的习俗惯例，便可能激起反叛。在国王的陪臣中，有许多人几乎像他（事实上，勃艮第公爵这时就比法兰西国王有权势得多）一样有权势，当然，他们同心协力就更强大了。觊觎王位的竞争者往往不止一个。甚至在没有积极的竞争者的情况下，强大的陪臣也会形成直接的威胁，不是推翻国王，就是勾结境外入侵者，像勃艮第勾结英格兰反对法兰西王权那样。增加税收会使欧洲王权陷于危险之中。

借钱的可能性是有的，而且，这也确实是应付战争带来的短期财政危机的一个重要手段。由于不能因债务而控告君主，所以出借人要求实行高利率，通常得作一点掩饰以规避高利贷法。作为对风险高的补偿，贷款往往以担保品（经常为君王的土地、君王的珠宝、关税承包，或是某种垄断特许权）作抵。赖账拖欠是常事。爱德华三世使佩鲁兹和巴迪破产，稍后，查尔斯五世和菲利普二世使吉诺伊斯和富格斯破产。

国王可以依赖贷款使政府度过一场战争，但是，应付偿债这一难题就只得求助于财政岁入了。必须确立正规的岁入来源以偿还战争贷款，这影响了并且在当时就决定了国家和私人部门之间的关系。①

① 它也在教会的相对衰落中起了重要作用，教会在中古时期拥有大宗聚敛的财富。如本章前面所指出的，教会在整个这一时期一直是一个敌对的国家，并处于无休止的阴谋诡计的中心；但由于新兴的世俗政治单位寻找岁入，征用和没收教会的收入和财富，便成了越来越有诱惑的选择。被教皇逐出教会的威胁与毁在竞争者手上相比，不幸似乎还要小一些。

统治者的自由度颇不相同。他可能会强行征用财产。如果他能够使其臣民确信，他们受到进攻或入侵的威胁，他便可以征收一种强迫性的借款。他可能会给予优惠——产权和对产权的保护——而要求以岁入作回报。显然，国家从庄园主手里接收了对产权的保护对经济是有利的。由于贸易和商业已经发展到庄园和城市以外，农民、商人和发货人发现，私人保护费用会因君主权威加强而下降。在私人部门和国家之间存在着互利性交易的基础。既然在私人部门个人始终受白搭车的刺激想逃税，国家必须找到一个既可以衡量、也容易征集的收入来源。与现代税收结构不同，当时没有一个制度结构可用来进行这些活动。新兴的民族国家于是力图从那些相对容易征税的经济活动中得到岁入。在统治者面前呈现了许多可能性。

凡是对外贸易成为经济的重要一部分的地方，衡量贸易范围和征收税金所需的费用一般都比较低——特别是水运贸易更是如此，因为港口数目有限。而在贸易主要是地方性的、限于一个城市或一个地区，或者主要是经济内部的那些地方，衡量和征收的费用一般就高得多。因而，对外贸易是一种比国内贸易更有吸引力的潜在岁入来源。

这时常用的另一种选择办法，是将某种产权转让给可以为他纳税的团体，或通过法规禁止那些威胁政府岁入的做法。君主在用产权交换岁入时，采用了多种的（和巧妙的）办法，这里，我们只能略加介绍。在英格兰，土地转让权于 1290 年（根据置地法 Quia Emptores）授予自由农民，于 1327 年授予贵族，因为不然国王便因实行封士分赐而丧失岁入。稍后，威尔士法令（1540 年）颁布，允许遗产继承,因为“用益权”的广泛遗赠使王权丧失了岁入。相同的法令也在法兰西、香巴涅和昂儒颁行。这种法令不仅阻止了岁入的丧失,而且使国家得以对土地转让征税。城市获准从事贸易并获得垄断特权,而以每年纳税作为回报;外国商人获准享有合法权利,并不受行会的限制,也是用纳税作为回报。行会获得了专一的垄断特权,以向王权纳税作回报。此外,作为对垄断特权的回报,在进出口方面也设立了关税。

在大多数情况下,王权开始都是被迫才将税率管制权转让给“代理”机构(国会、三级会议),而要它们投票赞成收税作回报。在有些例子中,代理机构保留了这一特权;在另一些例子,它们则丧失了这一特权。这后一种情况需要特别强调一下,并加以进一步的阐释,因为它是我们在欧洲看到的那些不同的未来发展模式的关键。为了得到生存所必需的税收,统治者必须放弃什么呢?就是说,什么决定着统治者对其选民的议价实力?上面提到的论点表明,有三个基本情况影响议价过程:(1)接替地方领主或自愿团体保护产权的国家,能为选民创造的潜在利益有多大;(2)国家的竞争者提供同样服务的能力;(3)决定政府各类税收的收益费用的经济结构。

在下一章,我们将考察这三个因素怎样影响在法兰西、西班牙、荷兰和英格兰出现的政府类型,以及政府的类型又怎样影响这些国家的经济增长。

第十一章　近代欧洲的结构和变革

第　一　节

从1450年到1650年，这两个世纪在欧洲之所以引人注目，首先是由于对新大陆和印度的延伸探险、开发、贸易和殖民，其次是由于对危机部分和政治经济单位的结构改革。扩张的后果是最终将世界的其他部分与西欧各国连为一体；而其近期后果为市场扩大和盈利机会增加，进而为实现那些机会对结构变革的政治压力加大。由此而来的结构变革，产生了奠定最近三个世纪经济增长的基本条件。[①]

第　二　节

亨利·皮雷内在其20世纪前期的作品中已证明，欧洲人在黑暗年代的发展，基本上受伊斯兰教势力的影响，伊斯兰教势力包围

① 对长期变革同样重要的一个力量，是这几个世纪现代科学的开始，但由于科学的各学科发展的经济后果很晚才出现，所以在后面几章里探讨这个问题。

了欧洲，遏止了贸易，并最后使欧洲离开地中海而转向大西洋(1939年)。历史学家们提出了一个类似的论点来解释后一种探险和殖民模式；在这种观点看来，土耳其人于1453年对君士坦丁堡的占领，切断了与东方的香料贸易，从而导致葡萄牙人(和其他人)寻找一条抵达印度的替代航路。

仔细推敲起来，没有一种假设是完善的。黑暗时代贸易在整个地中海盆地没有中断，尽管水平大大下降了；土耳其人占领了东方贸易的门户之后，香料贸易通过勒旺[①]地区依然进行。不过，上面这两种假设在解释中含有一种重要因素：相对价值的改变。在皮雷内的论文中，地中海贸易相对于其他潜在的贸易更不安全；在香料贸易方面，土耳其人的征服，提高了发现通往印度的另一条航路的潜在收益率。

促使葡萄牙的亨利公爵进行阿非利加海岸探险的动机是“为上帝尽力和发财致富”。将狂热的思想倾向低估为这种实利主义的努力，也许是一种误解，因为在整个这一时代，为上帝服务使参与者们的选择范围受到了约束(至少在短期内)。然而寻找黄金、香料、白银、奴隶和其他常用的贸易品，终究是一种根本动力。正是这种动力，驱使葡萄牙人、西班牙人、荷兰人、英吉利人和法兰西人绕过好望角(有充足理由称之为风暴角)；重新发现美洲，占领和劫掠了玛雅人和印加人文明世界；寻找西北通道；相互之间以及与穆斯林和土著居民发动一场场无休止的战争。17世纪中叶，世界

① 勒旺是地中海东部诸国家和岛屿(包括叙利亚、黎巴嫩等在内的自希腊至埃及的地区)。——译者

的总轮廓已被发现(或重新被发现),为日后发展带来持久影响的殖民地拓殖模式也已确定。罗马教皇的训令,提出一条假想的分界线,将巴西划给葡萄牙,中南美洲的其他部分划给西班牙。荷兰虽然一度以贸易著名,但在将葡萄牙人从巴西的蔗糖海岸逐走并保住在北美洲立足点(新阿姆斯特丹)方面,只获得了暂时成功。不过,他们的海运和贸易的效率,对于法兰西特别是英格兰的对外政策的形成,却起了重要作用。英国在从事有利可图的贸易冒险事业上,相对而言是后来者,逐渐发展了一种殖民拓殖和在其西印度群岛与北美洲之间进行优惠贸易的制度。这一制度,从消极方面旨在排除荷兰人(和其他人),从积极方面则为了将殖民地与母国连成一体。航海条例关于在殖民地和母国之间的费用和收益是许多文献的主题。[①] 优良的西方帆船、大炮奠定了葡萄牙、荷兰和英国贸易在远东的地位。如西波拉所指明的,他们的贸易不局限于东西方贸易,除此而外,他们还充当"亚洲各国巨大商业活动网的中间人……"(1965 年,第 136 页)。

按第一编提出的框架,上述欧洲的扩张和世界其他地区与大西洋各国连成一体具有两个重要后果:母国带来的制度和产权造成了殖民地区域以后的发展,贸易和生产要素(劳动和资本)流动的模式有助于形成大西洋各国自身发展的模式。

西班牙人、葡萄牙人和法国人拓居地的经济组织与英国人拓居地的经济组织是不同的,这种差异肇始于母国带来的产权和殖民地的要素禀赋。西班牙人在墨西哥的监护制,用西班牙的监护人代替阿兹

① 参见沃尔顿关于这些文献的一份评述(1971 年)。

台克人的统治者。作为对“保护和公正”的回报，新统治者获得了贡物和被强制的劳动。葡萄牙的产糖殖民地，是靠从阿非利加输入的奴隶建起来的。法国试图按一种反映母国封建土地组织的模式拓殖法属加拿大——其结果可想而知：对拓殖者吸引力不大。

英国的拓殖地比西班牙和葡萄牙的拓殖地晚一个世纪出现，它反映了该国产权结构的变革。虽然弗吉利亚公司和其他一些殖民冒险事业是由共同耕种土地开始的，但灾难性的后果很快使情况发生变化，结果，事实上发展了土地私有权。劳动短缺在不同的殖民地依资源禀赋而有不同的后果。契约制最初提供了诱人的机会，使穷人得以偿付他们的移居费用，而以承担一个固定时期的义务劳动作为报偿。在南方，凡是烟草、稻米和靛青种植园有较大规模发展的地方，契约仆役则被奴隶代替。相比之下，新英格兰和中部的殖民地具有个人土地所有制的特点，早期的经济发展以农业、渔业和海运业为基础。

美洲的开发是下一章的主题。本章的重点在于西欧国民经济的兴起；上述经济增长影响了西欧各国。对葡萄牙和西班牙来说，它最初意味着财富和经济机会，但后来随着西班牙陷入停滞，这些利得便不复存在了。对荷兰来说，增长是指一种靠它在海运和贸易上的比较优势建立起来的经济；对英国来说，殖民地已经成为帝国的一部分。要理解欧洲发展的不同模式，我们必须考察 17 世纪的结构危机。

第　三　节

普遍认为 17 世纪有一种危机，但在危机的根源或特点上，意见却不一致。这个时代的特点，是饱受战争的蹂躏，如德国的 30 年战争；工资下降；社会大动乱；宗教纷争。到这个世纪的末叶，某些政治经济单位的结构已经发生了根本性的变革。对马克思主义者来说，17 世纪是辩证发展过程中的一个大难题。因为封建主义似乎到 1500 年已经灭亡，而在传统上与工业革命有关的资本主义，在几乎三个世纪中并没有出现。在马克思主义体系中，导致新阶级出现的技术变革既然是外生变量，所以马克思主义者有三个世纪的空白。他们的解释是，新兴的资产阶级用了几乎三个世纪来发展政治权力和创立基本的产权，而后才引起工业革命。英国和战国的革命是打开现代资本主义大门的突破口。①

在休·特伦沃—罗珀看来，危机是寄生性的官僚制度及其税负过重，在 17 世纪欧洲扩张停止时造成了极度紧张、灾害和破产。② 毋庸置疑，曾出现财政危机，但如 J. H. 埃利奥特在其对特伦沃—罗珀的评论中所指出的，它是由战争造成的，而不是由文艺复兴时宫廷的大肆挥霍所造成的。③ 这样，马克思主义的论点似乎与证据更相符，事实上，正是在国家控制上的结构性危机最终导致了一组鼓励现代经济增长的产权的出现。然而，既然工业革命的技术是结构变革的后果而不是结构变革的先导，因此，马克思主义对技术的强调，已经将马克思主义者引入了歧途。虽然火药、罗盘、良好的船舶设计、印刷术和造纸术都在西欧经济增长中起过作用，但结果颇不相同。与工业革命有关的技术变革需要优先发展

① 参见霍布斯鲍姆："17 世纪的危机"，阿斯顿编(1967 年)。

② "17 世纪的危机"，阿斯顿编(1967 年)。

③ 参见 J. H. 埃利奥特附在特伦沃—罗珀论文后的评论。

一组提高发明和创新的私人收益率的产权。以下提到的解释从人口变动开始，并建基于经济机会变化与国家财政要求之间的相互作用上。

第　四　节

中古后期的社会具有周期的特点。前两个世纪（在 1300 年或 1350 年至 1475 年之间）的人口增长带来了饥荒、瘟疫和经济萎缩；第二个增长周期（1475—1600 年），引起了 17 世纪的经济萎缩。17 世纪危机的蔓延，给整个欧洲带来了不同的后果。英国和荷兰几乎（如果不是全部的话）不受影响，而法国和西班牙（特别是西班牙）却受到广泛的影响。英国和荷兰由于产量比人口增长得快，因而未受马尔萨斯危机的影响；法国虽然没有停滞，但明显落后于英国；至于西班牙，虽然以前曾经是欧洲最强大的国家，但现在已经沦为绝对衰落的国家。[①]

17 世纪欧洲那些合并而成的民族国家之所以有不同的经济增长率，其原因被认为在于每个国家已经发展了的产权的性质。已确立的产权的类型，乃是每个民族国家发展的特殊道路的产物。政府和它的国民在扩大国家的税收权方面的相互作用特别重要。我们已经看到，每个新兴的民族国家都极欲得到更多的岁入。达到这一目的采用的方法对国家的经济是至关紧要的，因为在每种

① 这一节出自诺思和托马斯的第三部（1973 年）。关于西欧经济的更详尽的论述，参见德弗里斯的论述（1976 年）。

情况下都含有对产权的改变。

以两个成功的国家来说，已确立的产权提供了更有效地利用生产要素的刺激，并将资源导向发明和创新的活动。而在两个不成功的国家，绝对征税水平和获取财政收入的独特方式，则促使个人趋向正好相反。这一节简述一下这种差异是怎样发生的。

让我们从法国开始。民族国家出现在法兰西，开始是作为对百年战争所造成的灾难的一种反应。英国的军队占领了法国的一部分，没有薪饷的士兵成帮结伙四处抄掠，而大贵族们则热衷于无休止的争斗。法兰西在查理七世于 1422 年登上王位时，在名义上才成为一个国家。他面临的严峻任务是重建法律和秩序，从英国人和勃艮第人手中收复他要求拥有主权的一大半王国。

这一任务要求增加王室岁入。为了使王室的特别税得以通过以应急需，设立了一个称作三级会议的代表机构。查理七世在位初期，不得不一再要求三级会议增加岁入。他可以要求、也可望得到的数额，受到占领法兰西的英国对手和勃艮第对手的征收水平的限制。

查理七世有效地利用这一财政岁入，与勃艮第达成一种有利的和平，将英国人撵走，取缔了各地非法组织。随着权力的扩大，他开始将例行的税收调整权当作他的特权，而最初这是由三级会议作为特别税通过投票来决定的。三级会议极欲终止法国动乱的愿望，使王室不经被统治者同意便夺取了征税权，造就这一权力的紧急形势过去之后，这一权力却长久地保留下来。

能够有效地实施产权，排除或抵消地方竞争者以及获得无限的征税权，这些便赋予了法国王室专一的转让或改变产权的权力。

新兴的民族国家之间的竞争使对财政岁入的需求不断增长。王室谋求一切可以搞到的岁入。用产权交换税收是一种富有成效的短期解决办法，而其长期后果则是有害的。

百年战争之后出现的法兰西王国不是一种全国性经济，即使它正在成为一个民族国家。它的经济是由许多区域和地方的经济构成的。王室不得不按类别对每个地区进行征税，这项任务要求有庞大的官僚组织并辅之以各种现存的自发组织。由于 14 世纪和 15 世纪经济活动衰减，行会在法国城市的权力不断壮大。行会试图利用垄断限制来保护不断缩小的市场免受外部竞争。王权为增加财政岁入，在这些行会中找到了一种早已发展了的基础结构。王权为地方垄断担保，增强了行会的实力，而要求行会交纳税金作为回报。这样，王权实际上便以在当地的垄断权换取了一种有保障的税收来源。这一财政制度在 17 世纪经科尔伯而更加发展、更加复杂。在法国，由于从征税中排除了贵族和教士，从而消除了这些潜在的对手。为了控制财政系统，建立了一个庞大的行政官僚组织。一旦这种官僚组织处于适当的地位，如科尔伯完成的这一制度所证明的，利用它来管制经济就相对容易了。[①]

这一财政制度的逻辑和后果，可以很容易地按这项研究的分析框架来解释。

随着内外竞争对手的权力的削弱，王权扩大了它从其选民中索取收入的能力，但受衡量主要来源于当地生产和贸易的财富和

① 赫克谢尔（1955 年），内夫（1957 年）和诺思—托马斯的著作的第 10 章（1973 年），是讨论这一制度的历史文献。最近的分析，可参见埃克隆和托利森的著作（1980 年 a）。

收入的费用的制约。用产权交换岁入的制度提供了一个解决办法，但要求有一套复杂的代理机构来监控这一制度。随之而来的官僚组织不仅吮吸它带来的一部分收入，而且成为法国政治结构中的顽固力量。尽管王权和官僚组织的岁入增长了，但增长的后果却是经济增长的阻滞。法国的经济继续带有地方性，结果市场扩大的增益牺牲了。为数众多的地方垄断组织，不仅利用了它们的合法地位而且阻滞了创新，从而损失了竞争的收益。在法国，提高市场效率的收益为国家的财政需要作了牺牲。结果法国未能摆脱 17 世纪的马尔萨斯危机。

西班牙不是这样。早在西班牙历史上土地还很丰裕的时候，羊毛业便已发展了。牧羊人夏天把他的羊群赶到高地冬天赶到低地。1273 年，地方牧羊人行会（称作牧主团）被阿尔方斯十世合并成一个行会，叫做卡斯捷尔的牧羊主荣誉会。

> “动机只有一个，即国王遇到的财政困难；他认识到征收牲畜税比征人头税容易得多，于是便将牧主团合并成一个可以为君主提供可观收入的组织。靠交换这些税金，牧羊人从阿尔方斯十世那里得到了一系列特权，其中最重要的是，扩大了对所有在卡斯提尔王国迁徙畜群、包括迷路牲畜的管理。这一管理功能逐渐扩大，一度甚至扩大到当地牧主团放牧的‘永久性’羊只和沿着个别市区的河岸放牧的牲畜。”（维韦斯，1969 年，第 25 页）

牧主团作为王权重要的岁入来源，资助了王权与摩尔人的战争，而得到的回报是享有在西班牙来回迁徙羊群这一扩大了的特权；结果，发展有效的土地产权在几个世纪里一直遭到反对。

> “16 世纪牧主团会议已经成为一种特权制度，穿过王国的路线受到保护，每年羊群有巡回的执法人员和武装警卫陪同，有权凌驾利益冲突各方之上，阻止在羊群行经的道路上圈占土地，有权与最有势力的地主进行集体议价，免交销售税(alcabala)和地方销售税。牧主团会议拥有其他制度不曾涉及的司法权和种种经济特权。”（施瓦茨曼，1951 年，第 237 页）

继几个世纪与摩尔人的冲突和几乎无休止的封建领主间的内战之后，民族国家在斐迪南和伊萨白拉统治下出现了。出于对内乱的厌倦，西班牙的代议机构卡斯提尔国会将征税管制交给了王权。在 1470 年到 1540 年之间，税收增长了 22 倍，像法国那样，国家转让垄断权是收入的一大来源，其后果也相似，虽然更加有害。

随着 1516 年查理五世登位，西班牙对欧洲称霸的伟大时代开始了。这个时代初期非常繁荣，来自阿拉贡、那不勒斯、米兰特别是繁荣的低地国家的财政岁入有巨大增长。在那些年里，来自其他各种资源的岁入包括来自西印度群岛的财宝，增长了 10 倍。不过，由于查理五世在欧洲维持了一支最大的（也是训练最好的）军队和海军，其经费的增长也与岁入的增长不相上下。查理五世及其继承人腓力二世为了维持这个帝国，每年都要耗费许多经费。当荷兰的税收由于低地国家的反叛而停止以及来自新大陆的财富也减少时，就更需要有新的岁入了。为了增加岁入，将专一的地方垄断权转让给了城市行会。地产被充公征用，贵族的身份（可免除征税）被出售。然而即使采用了这孤注一掷的应急办法，也未能使王权免于破产。1557 年、1575 年、1596 年、1607 年、1627 年和 1647 年都发生过破产。

由于垄断、高税率和财产充公，贸易和商业衰落了。唯一不受王权危害的是教会、政府部门或贵族。一种广泛流传的意见认为，西班牙的下级贵族对贸易、商业抱有反感，而对教会、政府或军队职业怀有偏爱，从而表明他们是一些合乎理性的人。在对政府的财政政策的反应中逐渐形成的产权结构，只鼓励那些不受国家影响也对社会没有产出的活动，而阻止个人去从事各种生产性活动。

法国和西班牙的经历，在许多方面是相同的。在这两个国家，人民最初都强烈地希望受到保护和实施基本产权，以致国家能够获得对征税的管制权。对越来越大的财政岁入的需要，导致了这两个国家基本上都用产权来换钱。但产权的转让并未促进效率，而是适得其反。17 世纪时西班牙承受的苦果甚至比法国还多。

法国和西班牙在整个 17 世纪遭到挫折，而联省的人口和人均收入却经历了稳定的增长。结果，荷兰在政治上的重要性与其很小的规模完全不相称。由于荷兰是一个资源相对贫乏的国家，它的成就就更有意义了。荷兰通过发展一种比其强大对手更有效率的经济组织，以及利用与在西印度群岛和美洲的发现和贸易有关的扩大的世界贸易，克服了它的资源匮乏。

联省一向归勃艮第公爵所有，直到按继承权移交给西班牙国王。它们的统治者无论是勃艮第人还是哈布斯堡家族的人，都积极阻止垄断特权在布鲁日和根特这些公认的服装业城市里存在。虽然遭到了这些城市的反对，统治者们还是得到了新兴的工商业中心的支持，结果振兴了国际贸易。这些新地区之所以有效率，在很大程度上应归因于没有行会和贸易的限制。因此，一般说是低地国家，个别说是安特卫普在工商业方面已经上升到空前未有的重要地位。

这个地区的统治者阻止限制性做法、积极鼓励竞争和商业贸易的发展，这一点如果从法国和西班牙的那种不同的发展角度来看，或许显得很特殊。这个谜的答案就在地区主要经济活动的性质上。低地国家是欧洲贸易的自然中心，它们最初在服装制造业方面的比较优势，导致了一个国际市场的发展，在这个市场上，用来交易的商品多种多样。

1463 年，善心的腓力创立了一个叫做议会的代议机构。议会制定法律，帮助当局投票通过统治者所需要的征税决定。议会的设立，对于鼓励商业贸易发展和使这种发展成为可能的对私人产权的转让和保护是有利的。此外，荷兰甘愿以一系列通常为少量的贸易税来偿付那些权利。就任何一项权利来说，税收水平相对而言总是低的。哈布斯堡家族顺从了议会的愿望，只要有足够的岁入被批准通过。而低地国家的繁荣又有可能提供足够的岁入。由于低地国家把大部分税收交付给了西班牙国王，于是受到了哈布斯堡帝国的宠爱。不过，最后腓力二世诛求无已的需求还是导致了北方七省成功的反叛。在叛乱期间，西班牙攻陷了安特卫普，结果商业中心转移到阿姆斯特丹。已经出现的共和国，保留了曾使荷兰商业成就居于首位的法律和产权结构。

商业贸易的增长是荷兰经济的原动力。贸易的扩张，导致荷兰市场运转效率的提高。市场是受规模经济制约的，市场的扩大使交易费用下降。随着贸易量的增长，进行个人交易的成本下降。首先在安特卫普而后在阿姆斯特丹，贸易开始在连续拍卖市场上成交。报告现行市场交易的价目表是众所周知的。专门与贸易有关的标准合同和法庭也确立了。

兴旺的资本市场与商业一道发展起来，并引起其自身的变革。现有的书面契约渐渐变成了商人用以扩大支付的汇票。

有利于商业发展的产权，也有利于农业效率的提高。荷兰的农业变成了比较资本密集型的，荒地被排干、开拓出来，肥料应用得很广。国际市场的兴起，导致低地国家内部区域的专业化。葡萄园消失了，乳制品业发展起来。引进了新的作物以供城市商业部门之用。

荷兰在近代初期已经成为欧洲的经济领袖，它地处中心，又有一个政府以转让和保护私人产权及阻止限制性做法来鼓励有效率的经济组织。一度在安特卫普而后在阿姆斯特丹享有盛名的欧洲市场的发展，使商业成为国家最易征税的部门。在商业交易中进行交换的无数商品来自欧洲各地，它们之所以出现在低地国家，是因为那里的市场有竞争性，有效率。认识到这一形势，低地国家的商人为了确立和实施私人产权及废止限制性做法，通过议会向他们的统治者交付了税金。尼德兰因而成了第一个达到持久经济增长的国家。此外，即使当欧洲的经济中心转移到英格兰时——其时，这个较大的国家有意或无意地模仿了荷兰的成功，联省仍一直保持繁荣。

英国经济成功地摆脱了17世纪的危机，这可以直接追溯到已经形成的私人产权制度。英国政府面临着像欧洲其他兴起的民族国家一样的财政需求（虽然入侵的威胁压力不大）。法国的规模、西班牙的财政能力和尼德兰的经济组织的效率使这三个国家成为欧洲的强国。英格兰被迫与这些新兴的民族国家竞争。它找到一个中间地带：一方面不顾西班牙的反对，经营了一块新大陆，并试图孤立荷兰；另一方面规定了同样的产权和制度安排。到1700年，英国已经作为世界上发展得最快的国家，成功地取代了荷兰。

然而在两个世纪前，还没有什么迹象表明英国会选择导致经济增长的道路。像法国那样，民族国家在英格兰的出现，是一个漫长而代价很高的过程。在14世纪和15世纪期间，英国历经百年战争和玫瑰战争，随后动乱、叛变接踵而来，司法管理不善与贵族权势削弱相伴发生。

结果，都铎王朝将英国的君主制推到了顶峰。亨利七世尽管仍被认为要靠他自己为生，但确已能够用现在我们十分熟悉的办法——出售转让和特权——来增加他的税收。他的继承人亨利八世除了照搬这套办法外，还增加了对寺院土地的没收。王权巩固和同一时期王室岁入增长的过程，肯定使都铎王朝触犯了许多、也许是大多数的贵族和教士。都铎王朝依赖新兴的商人阶级和下议院的支持，下议院充分代表了这个阶级以及土地贵族。都铎王朝在对待产权问题上与任何欧洲大陆的国王一样是机会主义的。他们寻找可以找到的一切收入而置经济效率于不顾。他们扶持而不是压制议会，因为这么做有利。

斯图亚特王朝继承了都铎王朝的衣钵。斯图亚特王朝把政府视为它们专有的特权，而国会则把王权看作要受普通法的限制。为了赶上花费越来越多的竞争国家，斯图亚特王朝找到了新的经费来源；国会证明是难对付的，结果舞台上展开了一场斗争，王权归于失败。

国会有权批准征税，是15世纪后期在争夺对羊毛贸易的控制中出现的，到这时已有很长时间了。羊毛，长期是英国国际贸易的大宗出口品，王室岁入的可观来源。王室、羊毛出口商和国会（充分代表养羊售毛业者）三方为征税范围展开了斗争。这场斗争的结局，是大家作出了某种妥协。王权获得了税金岁入，国会赢得了规定征税水平的权利，而商人得到了对贸易的垄断。最后，羊毛垄断消失了，羊毛税也成了政府税收的次要来源，但国会专有的征税权却保留下来。

因此在英国，代议制的国会一直把持着重要的征税权，虽然争端直到1689年才最后解决。在受到斯图亚特王朝挑战时，国会仍保有它的权威。这样一来，王权在两个世纪里对产权的初步控制便转移到由商人和土地贵族所组成的国会手中——这个集团的利益将终止限制性规定，并以限制主权来保证私人产权和竞争。

让我们考察一下当国会在法国和西班牙衰落和消失之际，代议制国会在英国何以壮大的某些原因。英国作为一个岛国，其地理位置使它与其对手分隔开。外来入侵从来不像它对大陆那样构成严重的威胁，这样，对保护的集中供给对英国就不像对法国那样重要。在国内，常有几个王位的竞争者，他们的存在限制了英国国王或王后的权力。经济的性质导致了对大宗出口品羊毛的依赖，羊毛提供了一种容易衡量和征收的财政岁入来源。这种税的征收不需要一个依赖王权的庞大的官僚组织，而可以把税包给一个自愿的商人组织。总之，不存在将王权对产权和征税的权威加以集中的理由，更不存在维持一个庞大的中央政府的理由。

国会的出现，造成了英国产权的性质与大陆模式大相径庭。转让产权的权力愈益落到了这样一个集团，私有权和取消王室垄断可以更好地为它自身的利益服务。如果不发生这样的转移，英国经济史或许会大不一样。如同我们已经看到的，都铎王朝的经济政策与大陆国王们的经济政策如出一辙。如果它们能自由地用垄断和其他限制性权力交换岁入，那么，经济效率的后果也应当是相似的。但是在英国，王权恰恰相反。在试图发展一个综合的产业管理制度方面，都铎王朝颁布的规章条例已证明是无效的。[①]这些规章条例——与法国成功地颁布的那些规章条例相似——竟干脆被撇开了。最后，王室创立垄断的特权本身按照国会的一项法案也被终止了。

16 世纪时的人口增长，就是在发展了一组有效的产权的情况下出现的。在法国和西班牙，人口增长遇到了一组限制性的产权，从而使有效适应要素比例变化成为不可能；而英国与荷兰一样，情况就不同了。在英国，人口增长意味着商业和贸易的复兴。为了促进贸易的利得，逐渐形成了各种制度性安排。利用市场组织经济活动的成本下降是这个时代生产性增益的主要来源。随着市场扩大，荷兰人所熟悉的那些商业、工业和农业的创新也被英国人所采用。17 世纪时，英国得以摆脱马尔萨斯抑制而法国和西班牙则

① 关于进一步的讨论参见埃克隆和托利森的论述(1980 年 b)。

未能幸免，原因就在于，英国确立的私人产权和商业贸易的竞争引起了交易费用下降。

第十二章　工业革命的反思

第　一　节

现代经济史学家普遍认为，工业革命是把人类历史分开的分水岭。工业革命以前的时代，被看做是18世纪下半期开始在英国迅速发生的社会经济变革的序幕。这种对于工业革命的偏见是容易理解的。历史学者们相信，开始于1750年至1830年之间的持久的经济增长过程从根本上改变了西方所有人的生活方式和生活标准。假设一位古希腊人能被奇迹般地送到1750年的英国，他或她会发现许多熟悉的事物。不过，如果希腊人再晚两个世纪被送来，就会发现，自己宛如置身于一个"幻想的"世界，什么都不认识，甚至什么都不理解，人类的情况在那短暂的历史瞬间竟发生了这么多的变化。

有些什么变化呢？可以简述如下：

1. 人口前所未有的增长。人口统计学家估计，1750年世界人口大约为8亿。1980年超过了40亿。（科尔，1974年，第43页）

2. 西方社会达到的生活水平是以往不可比拟的。一般公民享有的奢侈品连早先社会最富有的人都得不到。此外，在发达国家，平均寿命几乎翻了一番。

3. 在西方社会，农业不再是主导的经济活动；在经济中，工业和服务部门在重要性上取代了它。农业生产率的极大增长才使这一变化成为可能。在美国，百分之五的人口从事农业，可以供养其他百分之九十五的人口，并仍足以使美国在农产品出口方面一直居于世界领袖地位。而在殖民时代，人口在产业中的分布比例则相反。

4. 结果，西方世界变成了一个城市社会，其含义为专业化扩大，分工，相互依赖和不可避免的外在效应。

5. 技术变革连续不断，已经变成了常规。新能源被用来为人类造福，新物质、新材料不断创造出来以满足人类的需要。

虽则上述发展是无可怀疑的，然而这些变化发生的原因、开始的时间以及我们所谓的工业革命一词的含义，却一直是聚讼纷纭的话题。本章的论点是，工业革命是创新率的一种加速，其起源可以回溯到传统年代（1750—1830 年）以前。规定得更完备的产权（不是像自由放任那种情况）改善了前一章所描述的那种要素和产品市场。由此而来的市场规模扩大，又引起更大的专业化和分工，从而增加了交易费用。为了降低交易费用而设计了组织变革，结果不仅大大降低了创新成本，而且，同时扩大的市场规模和对发明的规定完善的产权还提高了创新的收益率。正是这一系列发展为真正的技术革命——第二次经济革命（它将科学和技术结合起来）——铺平了道路。正是 19 世纪后半期的这后一种发展，产生了新知识的弹性供给曲线和以上概述的那些史无前例的发展。

为了正确地看待这一历程，我们必须首先回顾历来关于工业革命的描述和探讨技术变革的性质；而后，我们才能考察本章所确定的、构成工业革命的组织变革和技术发展相互影响的过程。

第　二　节

历史学者们同意在组织和技术方面发生的这些变革在英国开始于 18 世纪中叶。在下一个一百年内，英国人口便翻了两番；有些城市发展成为大城市；英国人口的平均收入翻了一番以上；农业从占全国产量的大约一半下降到不足五分之一；制造业和服务业发展起来，充当了农民以前的角色。在这一进程中，纺织品和铁的制造是在以蒸汽为动力、效率大为改进的工厂里进行的。

对这一连串事件所感受的惊讶程度，似乎历史学家们比当时人更为强烈。亚当·斯密（在这些事件中写下最重要的经济学著作）并未提到它们。此外，他曾预言，他的商人、农民和手工业工人的国家，将通过进一步专业化和贸易以适度的速度来继续增长它的财富；事实上，国民收入在随后来到的 80 年代便以空前未有的速度增长了。

斯密的友人大卫·李嘉图指出，地租上升会吸收掉生产率的任何增长。在李嘉图写作以后立即到来的那个时代，地租作为上升的国民收入的一部分下降了一半。托马斯·马尔萨斯曾预言，人口的大量增长将使工资长期达不到最低生活水平；在这个时代结束时写作的卡尔·马克思则预言，全部工人都不会改善。然而情形却相反，劳动收入在国民收入中的份额明显上升了，实际工资也增长得很显著。古典派经济学家只不过没有理解他们周围正在发生的那些事件罢了。

并不是当时所有的人都未意识到发生着的这些变化。有些人确实意识到了，如弗里德里希·恩格斯在 1844 年发表的《英国工人阶级状况》中所证明的。但是“工业革命”一词直到阿诺德·托因比在 1880—1881 年发表的一系列演讲中使用之后才广泛流传，此后的五十年，习惯上被认为是它所涉及的转变的终结。

为什么大多数古典派经济学家未觉察到工业革命，虽然他们是从中生活过来的人？也许因为这个世纪变革的意义在历史家的分析中比在现实中更重要。例如，在工业革命世纪以前人口就在增长；大城市在工业城市兴起以前就已存在；英国人的收入不仅在亚当·斯密和其他古典派经济学家在世时，而且在他们生前就增长了。在这个时期，农业工人在总量上越来越多；在当时人看来，农业并不像是一个衰落的部门。工业革命以前大工厂就已存在，在詹姆斯·瓦特的蒸汽机以前，蒸汽机在采煤业中已用了多年。所以，古典派经济学家们未察觉工业革命也许是不足为奇的：因为新东西是变化的数量而不是它的革命性。虽然普通的英国人对 1851 年水晶宫展览会的种种奇观也感到惊讶，但他们认为，后来 125 年的变化才是难以置信的。而且，虽然古典时代的工业革命肯定是经济史上的一次加速，但我在本章开头描述的那种革命性变革，主要是过去 150 年发生的事情。正是在 19 世纪中叶以后，日常生活发生了如此巨大的变化，以致我们虚构的古希腊人再也不把地球看做是一个熟悉的世界。

例如，在人口方面的巨大增长——在工业革命之前已开始——在 20 世纪中叶已经变成了一个世界性的人口激增。现代人口爆炸，乃是由于营养和环境的改善降低了因传染病而引起的死亡率所致。同样，城市社会是在过去一百年间就已出现的一种发展，它与工业城市没有多大关系，倒是与运输成本显著下降、农业生产率提高和经济活动中心地带收益集中有关。工业部门在发达国家劳动力就业中不占主导地位，服务业、非制造业雇佣了绝大部分的现代工人。此外，产业革命期间的经济增长率如果与稍后时代、尤其是与最近那些发展中国家达到的增长率相比，并没有什么特别的出奇之处。

总之，我们看待以往两个世纪时所拘泥的老框框需要修改了。我们不得不称之为工业革命的那个时期，并不是与我们有时所认为的那种过去的根本决裂。相反，正如我将在下面要说明的，它是一系列往事的渐进性的累积。真正的革命是在19世纪后半期发生的，时间要晚得多。工业革命时期的技术事件大体上与基础科学的发展无关。[①] 另一方面，最近的过去的技术事件都需要科学上的重大突破。边干边学可以解释工业革命时期技术的发展，但只有科学实验才能说明原子能或石油化学工业的发展。过去一百年技术的巨大发展依赖于科学的革命；而科学与技术的融合才产生了第二次经济革命。

第　三　节

为了理解工业革命期间发生的情况，需要探讨一下技术变革

① 关于科学在工业革命中的作用的讨论，参见马森汇编的论著（1972年）。

的进程。现存的大部分文献集中在诸如瓦特的蒸汽机、阿克赖特的水力纺纱机或克朗普顿的走锭精纺机一类重大发明上，既忽略了技术变革中日常的、一点一滴的进步，正是这种进步带来了经济活动生产率的持久增长；也没有将它纳入交易成本的框架，是这一框架使我们得以理解经济组织与技术变革之间复杂的相互关系。

从最初的概念到确定技术可行——即从发明到商业上可行、从创新到以后的扩散——常常是一个漫长而曲折的过程。① 以汽船为例。瓦特的蒸汽机是18世纪的发明。蒸汽机应用于水上运输，出现于19世纪初期。然而一直到19世纪末，我们并没有看到汽船取代了帆船。直到1880年，世界上大部分散装货物仍在用帆船运送。因此，这一最著名的发明用了几乎一百年的时间才取代了原有的运输工具。

转变的发生只能是渐进性的，因为，为了降低燃料消耗(从而增加运载能力)需要不断改进和完善往复式发动机。同样，帆船的不断改进提高了速度减少了乘员，使帆船在19世纪的大部分时间里仍能与汽船相抗衡。

技术改进的过程，不仅依赖于新工艺的一点一滴的改进，而且依赖于应用新工艺的人类技艺的发展。边干边学的过程也必然伴随着技术变革。另外，某个领域的技术变革可能会超出其他领域技术知识的水平。我们都熟悉这一事实，瓦特的蒸汽机直到威尔金森钻孔机能使瓦特们在汽缸上精确钻孔时，才得以有效地生产。更有名的是伦纳多·达·芬奇的著名的笔记本的命运：由于同一

① 参见罗森伯格就技术变革的渐进性所作的出色阐释(1972年)。

时期的技术使得大量的原始想法不能得以实现。的确，新工艺的发展与新知识的发展之间的关系是一个重要的问题。

创新是根据人们所拥有的现有基本知识存量作出的。那些知识现今都以物理学、化学、生物学这一类正规科学学科体现出来。这些学科兴起得很晚，萌芽于文艺复兴的后期和近代初期。这并不是说，人类自新石器时代以来关于其环境的基本知识没有增加：我已在前几章讨论了这方面的许多进展。但这些发展与形成结构的这些正规学科没有关系。我们必须作出这一区分，因为增加纯知识的刺激未必与导致实际创新的刺激相同。

从历史上看，在纯科学知识与人类已应用的工艺之间总是有缺口的；确实，只有在现代，新知识的系统发展对人类取得巨大进步才是必不可少的。只有在最近一百年，基础知识的进展对于技术的不断变革也才是必不可少的。

那么新技术和纯科学知识的发展是由什么来决定的呢？就技术变革而论，新工艺发展的社会收益率可能总是高的；但我们可以料想，直到提高发展新工艺的私人收益率的手段被发明出来，产生新工艺的进展一直是缓慢的。而且，实际上我们在本书前几章关于历史的部分已经看到，人类在其整个过去都不断发展新技术，但速度很慢，而且时断时续。主要原因在于，发展新技术的刺激偶尔才发生。一般而言，创新都可以毫无代价地被别人模仿，也无需付给发明者或创新者任何报酬。技术变革速度缓慢的主要原因就在于，直到相当晚近的时期都未能就创新去展出一整套产权。

只是到 1624 年通过了垄断法令，英国才有了一项专利法。在那之前，诚然，有时给新技术发明授予奖金，有时政府资助人们去研究新技术。例如，航海家亨利公爵曾召集一伙数学家研究确定纬度的新方法。政府也常常资助军事技术的开发并为新武器提供现成的市场。但是，只有在专利制度下，鼓励技术变革和将创新的私人收益率提高到接近于社会收益率的一整套激励机制才能形成。当然，过分强调单一的法律是一种误解。埃利·惠特尼用了他一生的大部分时间试图保护他对轧棉机的专利。比专利法本身更重要的是发展和实施一套非个人法来保护和履行用以规定产权的契约。

让我以更严格的方式将我的论点重述一下。在思想的经济收益方面，为约束行为而制定的那些章程面临着与衡量思想本身有关的一些基本困难。商标、专用权、版权、商业秘密和专利法，凡此种种都是为给发明者和创新者提供某种专有权而设计的，结果，就专利的价值问题引起了一场长达一个多世纪的争论。[①] 然而许多争论都忽视了一点。不能精确地确定和描述一种思想意味着需要另一些代替的规章条例；而这类规章条例包含一些不完善的度量制和某种程度的垄断限制将导致实际岁入的损失。但是与完全没有保护相比，某些产权对发明的价值是无可争议的。无效的好奇心或边干边学固然也能引起我们在整个人类历史上所见到过的那种类型的技术变革，但是坚持不懈地为改进技术作出努力——如我们在现代社会所看到的——则只有靠提高私人收益率来激励。在创新缺乏产权的情况下，技术变革的速度基本上受市场规模的影响。其他情况相同，创新的私人收益随市场扩大而增加。以往技术变革速度的增长与经济增长的时代有关。

① 参见马克卢普关于争论的评述(1958 年)。

简言之，工业革命的经济史学者着眼于技术变革是那个时期的主要动因上。不过，一般而言，他们没有问是什么原因促使这一时期技术变革速度加快。常见的似乎倒是，在论证技术进步的原因时，他们假定技术进步是无需代价或者是自发产生的。然而情况并非如此。总之，技术进步速度加快，不仅应归因于市场规模的扩大，而且应归因于发明者在其发明所创造的收益中占有较大份额的能力的提高。

第　四　节

对工业革命最令人信服的解释是创新率的加速，这是根据简明易懂的新古典理论得出的结论。在新古典理论看来，规定和实施完善的产权及愈益有效和扩大的市场将把资源导入新的渠道。其起源可以追溯到传统年代以前那个时期。让我们再回到本章开头用过的航运业的例子上来。轮船与帆船在19世纪的竞争，确实是这段历史的中心。由于交易费用下降，至少从1600年以来生产率一直在增长。当时荷兰人的弗卢特（一种专用的运货商船）被用于波罗的海的贸易，随后在其他航线上也采用了。交易费用下降——是海盗行为减少、船舶规模扩大、贸易发展和货物起卸、船舶检修时间缩短的结果——导致了（至少）在工业革命以前150年便开始的生产率的大幅度增长；因此，除了技术变革外，生产率的提高还由于交易费用下降。[①]

① 参见诺思的著作（1968年）。

与海洋航运业情况相应，其他产品和要素市场也发生了同样的变化。这一论点确实没有什么新意了。它是托因比于1884年发表的著名演说的一个重要部分。他写道："工业革命的本质是竞争代替中世纪的条例，这些条例以前一直控制着财富的生产和分配。"[①]菲利斯・迪恩和R. M. 哈特韦尔也捡起同样的题目。[②] 但论点中所忽略的是，虽然自由放任被看作是发展的关键，但"自由放任"一词不仅有令人误解的思想含义，而且至少在某种程度上是不中肯的。缩小重商主义限制包括废除或改革工匠法、济贫法、拓殖法、高利贷法、航海法等等，确实是这段历史的一部分。不过，对更有效率的市场的发展来说，特别重要的是对产品和劳务的产权的完善规定和实施；并且在许多场合含有比仅仅取消对资本和劳动流动的限制——这对那些变革是重要的——更为丰富的内容。农业中私人和国会的圈地，确认专利法的垄断法令以及为完善规定和实施契约而大大发展的一套普通法也是这段历史的一部分。[③] 自由放任，指没有约束；有效率的市场，指完善地规定和实施的产权，这意味建立一组约束来鼓励生产率提高。取消限制扩大私人收益和社会收益之间的缺口，常需要政府采取积极行动——我们考察的这个政府作为英国革命的成果，是倾向这些发展的。一部分进程确实就是大规模逃避限制，这些限制虽然一直在册，但没有实施便成了一纸空文；这样一种发展只能在国会默许下出现。

① 阿诺德・托因比的话引自哈特韦尔的著作(1971年，第249页)。

② 参见迪恩(1965年，第203页)和哈特韦尔的著作(1971年，第11章)。

③ 参见哈特韦尔的讨论(1971年，第11章)。

第　五　节

像我所理解的，工业革命是由市场规模扩大开始的，这迫使以完善规定的普通法来取代中世纪和王权对企业家的约束（第十一章）。市场规模的扩大也使组织变革，脱离了家庭和手工业生产那种纵向合并而进到专业化。衡量投入产出的交易费用随着专业化而增长了。像第 4 章所描述的，为改进质量而相应加强的监督和对投入的集中控制，从根本上降低了发明新工艺的成本。

在制造业经济组织的演进中，我们可以最清楚地看到工业革命所特有的那种交易费用与技术变革之间的相互作用。从手工业到领料加工制再到工厂制经历了三个多世纪；市场规模扩大和质量控制问题（即产品特性的测定）是解释这一转变的关键所在。在经济组织转变的过程中，工资劳动发展了，投入产出的计量明显改变了，技术变革的刺激也增强了。

都铎王朝和斯图亚特王朝发展起来的领料加工制，是对这几个世纪市场需求扩大的反应。[①] 其特点为，在从原料到成品的制造过程中，原料包给各地，工资（主要是计件工资）按阶段支付。与手工业制造不同，领料加工具有任务越来越分散的特点——这是斯密关于市场规模扩大导致专业化的一个典型例子。虽然最初主要集中在纺织业，但逐渐扩展到一些新的纺织部门、皮革制品业、

① 这种反应也分布在完全不同的时间和地点上。如 13 世纪的法兰德斯和 20 世纪的中国、亚洲和非洲。

小件金属制品业。克拉藩认为，直到 1820 年，这一制度仍在英国制造业中占据着支配地位。虽然可以用不受行会限制和有廉价劳动供给（作为非全日农业的副产品）来解释制造业的分散，但不能解释它所采取的形式。为什么宁可采取中央商人制造业主雇用工资劳动而不干脆采用一系列市场交易呢？最可信的答案是，前一种组织形式比后一种组织形式使商人在保证质量控制上少付费用。第 4 章的一个重要论点为，凡是质量衡量付费昂贵的地方，等级制组织便会取代市场交易；领料加工制实际上是一种“早期的企业”，商人—制造业主试图在制造过程的每个阶段都实行不变的质量标准。[①] 由于在整个制造过程中保留了对材料的产权，商人—制造业主能够实行这种质量控制，而所付成本比在生产过程的连续阶段进行简单买卖的成本要低。逐渐演进为中央工场是加强质量控制的下一个步骤，它预示了工厂制度的发展实际上是整个生产过程中对质量的直接监督。不能用中央动力来源来解释向集中的工作地点的逐渐转移。工厂的空间可能并租给了一个个企业家，不仅发生在中央动力来源出现之后而且在其出现之前。相反，经理对生产过程的控制才是工厂制的动力。随着直接监督和控制的发展，技术改进办法的发明费用下降了。因为控制的作用，使生产的每个阶段“合理化”，而这一过程包括发明一些办法来衡量每个投入单位的产出，也包括创造一些生产率更高的组合。班组生产在领料加工制中起的作用不重要；但一旦工人集中在一个地点，班组生产对提高生产率的好处便显而易见了。随着对个人贡献的

① 参见米尔汶德对这一论点的阐释。

衡量手段的日益改善，发明取代人工操作的机器的成本下降了。

由于组织法变革改进了对工人的控制而后才发生了工业革命。这种工厂纪律本身就是质量控制的一个手段，其另一个后果表现为企业主的新生产组合，而且尤其是生产过程中代替人手的那些机器。

在许多文献中，对工业革命的强调走的是错误的路线——即从技术变革到工厂制度，而不是从中央工场经由监督、扩大专业化、改善对投入贡献的衡量再到技术变革。交易费用和技术当然纠结在一起不可分开：专业化扩大引起了组织创新，组织创新导致了技术变革，技术变革反过来需要进一步的组织创新来实现新技术的潜力。

根据这项研究的理论框架，还有一点必须提出。在第4章我们证明，如果没有有效的思想约束，约束行为的衡量费用会高得使新的组织形式不可行。上述无论政治的、还是经济的变化都造成了非人力要素和产品市场并打破了传统思想忠诚观念。工厂纪律（即强制行为的规则和处罚）必须辅之以对新组织形式合法化的投资。工业革命的特点为坚持不懈地发展新社会的伦理准则。彼得·马希阿斯对这种努力描述如下：“一组体现在必然发生的社会制度上的社会准则，其发明确实是对这些新需要的反应，不过它们实践得并不理想。艰苦工作的美德——塞缪尔·斯密利斯宣讲的那种工作信条——节俭、克己、自制已经成为新的社会准则，而由社会上层人士通过大众熟知的传播手段喋喋不休地向工人阶级的头脑里灌输。合乎福音的教义和不符合规范的教义都遵奉这些原则。在主日学校、讲坛、1824年后的技工协会以及中产阶级手中的各种文献里，那些说教者都把他们试图向全社会传播的中产阶级的美德当作金科玉律来宣讲。”(1969 年，第 208 页)我在考察第二次经济革命时将就这个问题多作些说明。

第十三章　第二次经济革命及其后果

第　一　节

“经济革命”一词旨在表述一种经济制度中的两种不同的变革：一种是知识存量的重大变化引起的社会生产潜力的重大变化，另一种是为实现那种生产潜力而在组织上必然发生的、同样是基本的变化。这两种经济革命都称得上是革命，因为它们改变了产量的长期供给曲线的斜率，使人口的不断增长不致承受古典经济模型的悲观后果。第一次经济革命创造出了农业和“文明”；第二次经济革命创造了新知识的弹性供给曲线，将经济增长纳入制度之中。这两次革命都需要大规模的制度重组。现代社会在组织上的危机只能被理解成第二次经济革命的一部分。

第二次经济革命使新古典经济学的基本假定得以实现。乐观主义假定是新知识可以成本不变地加以生产，还有就是所有领域都实现了替代，从而使持续稳定的增长有了可能。但只有将科学与技术合而为一才能实现增长。工业革命是导致了这种结合的渐进性过程的一部分，诚然，如果我们想确定这一结合的精确时间，可能会陷入语义学或技术细节的纠缠之中。重要的一点是，第二次经济革命确如第一次那样是新知识供给曲线的曲折变化(inflection change),而不是描述工业革命用的一组创新或具有任何其他特征。既然生产潜力的实现意味着基本上对产权重构,就一个社会实现这一生产潜力的能力来说,也就没有什么自动机制可言了。上个世纪的内外混乱为我们提供了大量的因第二次经济革命与政治经济组织之间关系紧张而引起的无秩序的例证。

在本章,我打算考察第二次经济革命是怎样发生的以及它对经济组织有什么含义,而后探讨我们现代社会所特有的社会、政治和思想上的种种反应。

第　二　节

在第二次经济革命的发展中,第一阶段是科学上各学科的发展。当前关于科学知识的早期发展,还没有令人信服的解释。科学知识的发展确实与教会在人类与其环境的关系上拥有的思想垄断的下降有关。新教的改革运动是这种变革显示的一种预兆。伽利略、哥白尼、开普勒特别是牛顿在人类对其周围世界的认识方面正在发动一场革命。谁资助这些人?新知识的发展受到什么刺激?在文艺复兴期间,资助科学家是一时的风尚,而对科学知识的系统需求则是一种现代现象,并确与科学有助于解决实际问题而愈益被认识有关。在大学和研究组织中,科学制度化的一个显著特征是承认社会对主要前沿学科的需求。科学知识的进步必然沿着多种途径进行,结果我们利用一个领域发展的能力便不会受到其他领域瓶颈现象的阻滞。

如同A.E.马森、E.鲁宾逊和其他人所强调的，第二阶段涉及工业革命期间科学家和发明者之间的知识交易。[①] 这种交易有助于不断增强关于基础知识增加从而提高社会(和潜在的私人)收益率的意识；结果是用于基础研究的公、私经费不断增加。科学家愈来愈跟发明有关，意识到这一点又导致对人力资本投资的不断增加。19世纪后期，德国在化学工业上所起的卓越作用在很大程度上归因于早期培训的大批化学家。施莫克尔(1957年)指出，从1900年到1950年之间，国家居民和科学家、工程师取得的专利权比率急剧上升。这一进步最重要的特征是，公、私组织开始意识到，成功的根本关键在于基础性的和开拓性的研究。发展的结果是出现了所谓的发明工业。[②]

第三个阶段是形成产权使私人收益率接近于社会收益率。我在前几章里曾强调，重要的不仅是专利法的发展，而且在于旨在提高这种私人收益率的辅助法(如有关商业秘密的辅助法)的发展。知识产权的发展，不仅提出了关于提高创新的私人收益率和对交易的垄断限制(由于一个时期授予了专有权)之间交替的复杂问题，而且提出了思想衡量方面的一些复杂问题。一方面，对发明和创新的产权予以完善规定，从而提高了私人收益率；另一方面，许多基础性研究得到了政府的资助并在大学里进行——反映着公众对提高科学进步的社会收益率的意识在增强。

① 参见马森汇编的文献(1972年)。

② 参见纳尔逊、佩克、科拉奇克的著作，第3章(1967年)。

第　三　节

第二次经济革命所特有的技术上的突破为:发明出自动机械来代替生产中的人手和人脑;创造出新能源;对物质进行的重大改造。

第一方面的发展是工业革命的继续,就局部而言,是专业化和分工扩大的直接后果。专业化和分工的扩大使得发明一种机器代替单项工作对发明者来说比较容易。伊莱·惠特尼对步枪制造中可互换部件的著名论证以及亨利·福特的同样著名的制造 T 型汽车的集装线堪称是典型范例。高速计算机是最革命的现代范例。其最突出的特点,用艾尔弗雷德·钱德勒(1977 年)乐意用的一个词就是连续高速的生产能力。它是对带来大量产出的大规模市场的一种反应。

第二个方面的发展也发端于工业革命,如瓦特改进了的蒸汽机;但在以后的两个世纪里,这一改进已被内燃机、电源和原子能超过。结果,每人利用的能源远远超过以畜力和人力作为主要能源的过去。

第三个方面的发展即物质改造,也不是新的。青铜时代和铁器时代,是历史学家和人类学家在将铜、锡和铁矿变成可用材料的技术突破后命名的历史时期。漂白方法的发明,是工业革命中一项重大的化学突破。但是化学、物理学、遗传学等科学在现代的发展,则是人类将物质变成可用材料和能量上的一次总飞跃。例如,把煤和石油变成上千种在外观和构成上与原来材料大不相同的产品。关于基本物质来源的科学知识的不断增长是重要的基础，这些科学知识使它们得以重新组合成其他材料、能量和新的遗传组合。巴斯德、爱因斯坦、冯·纽曼还有克里克和沃森都是过去一百年里非凡的科学革命中的著名人物。正是这方面的发展使基础知识的供给曲线在外形上发生了改变，并使经济在面临过去这一百年里人口空前激增时有可能持续增长。

第　四　节

第二次经济革命在技术上的特点是，生产过程与大规模固定资本投资具有一定的不可分性。实现有潜力的规模经济要求大量的、连续的生产和分配。从 J. M. 克拉克的《管理费用经济学》(1923 年)和阿林·扬的经典论文“收益增长和经济进步”(1928 年)问世以来，经济学家一直在讨论规模经济的经济含义。[①] 经济史学家为一个部门的工业化提供了详细描述，最近钱德勒作了以下概述：

> “现代批量生产的出现，要求生产过程的工艺和组织进行重大的变革。首要的组织创新是对协调和控制大量生产的需要作出的反应。生产率的提高和单位费用的下降(常常与规模经济一致)在更大程度上是由于生产数量增加和速度加快引起的，而不是工厂规模扩大所致。这些经济的出现与其说

① 参见戴维的导言从经济史角度所作的富有卓见的论述(1975 年)。

是由于工厂内部专业化扩大和工作细化，不如说是由于有综合和协调工厂物资流量的能力。"（1977 年，第 281 页）

钱德勒进一步就批量生产与批量分配的一体化论述如下：

"由于新的批量生产部门已成为资本密集型和管理密集型，固定费用的必然增长以及欲使机器或工人和管理人员充分利用的要求，增强了对所有者和经理的压力，迫使他们控制原料和半成品的供给并自己接管营销分配。资本对劳动和经理对劳动的比率的变动因而有助于形成压力，迫使在一个工业企业内批量分配过程与批量生产过程一体化。到 1900 年，在许多批量生产的部门，工厂、车间已变成一个规模相当大的企业中的一部分。在劳动密集、技术水平低的部门，大多数企业开工仍跟一两个工厂差不多。但在那些应用了比较复杂、数量较大的资本密集技术的部门，企业已不仅变成了多元的而且变成了多功能的。它们已经走向了成品销售和原料、半成品的购买和经常性的生产。这些企业确实不止于通过生产过程来协调产品流量。它们还通过生产和分配的全过程，支配从原料供给者到零售商乃至最终消费者的流量。"（1977 年，第 282—283 页）

美国企业的管理革命，用钱德勒著作的副标题来表述就是，实现新技术的生产潜力的一次努力。钱德勒令人信服地描述了那次努力的一部分，但没有提到它的历史部分；管理革命的一个主要部分，是试图发明一组章程和依从程序来降低新技术带来的交易费用。

这一潜力不仅要求职业的和区域的专业化，而且要求空前规模的分工。专业化和分工程度越大，生产过程中交易量便越大。单一家庭生产是完全纵向一体化，而且如第 4 章所指出的，也没有衡量费用；但价格是专业化的生产率增益。第二次经济革命正好颠倒过来。专业化和分工导致了交易的指数倍增和生产率的极大增益；不过，价格——这些交易带来的交易费用——也提高了。显然，专业化的生产率增益超过了在该过程中交易费用的上升；因此，生活标准的总飞跃使现代西方社会成为历史上无与伦比的。不过，与这一发展有关的交易费用耗费着大量的资源。

虽然已整理的历史统计资料没有专门反映专业化和分工，但蓝领（生产）工人相对白领工人的比例的变化仍提供了某些信息。在 1900 年到 1970 年之间，美国劳动力从 2 900 万增长到 8 000 万。体力劳动者从1 000万增长到2 900万，而白领工人从 500 万增长到3 800万（《历史统计丛书》D 第 182 页、183 页、189 页）。而且不是全部。如果生产过程的协调和一体化意味着制造业企业劳动力比例的空前增长，那么，第二次经济革命同样促进了专门从事生产者到消费者的交易的企业数的增长。在 1860 年到 1960 年之间，商业中的就业人数增加了两倍，比劳动力增加得还快。专司监察的职业、会计和审计从 1900 年的2 300个增加到 1970 年的 712 000 个（《历史统计丛书》D 第 235 页）。同一时期，政府中的就业人数从 100 万增加到 1 250 万（《历史统计丛书》D 第 131 页）。

钱德勒掩盖了与新技术有关的交易成本问题。人们怎样设计和衡量“高速生产”中的交易关系？虽然钱德勒暗示纵向一体化是一种答案，但很显然，不仅衡量生产过程的每个阶段仍是必不可少的，而且还有另一个监控投入的难题。在延长生产环节的每个阶段，质量控制问题以及愈益严重的劳动纪律和官僚主义方面的问题也与生产的这一根本变革相伴而生。许多技术或是以资本代替劳动，或是降低生产过程中工人的自由度，或是自动衡量中间产品的质量，目的都在于降低随之而来的交易费用。①

根本问题首先是衡量投入产出，以使人们能弄清一个要素的贡献和衡量相继的生产阶段和最后阶段的产出。就投入来说，衡量单个投入的贡献没有达成一致意见；同样，在由此而来的对要素的报酬上也有争论。就产出来说，不仅有残次的、未标价的产出（浪费、污染），而且要有复杂的费用为生产过程的每个阶段上的产品或劳务定出合意的产权。

第二个问题是大量的固定资本投资——使用期长而替代值（报废值）低——要求有交易关系和延续很长时期的契约协定。在这期间，价格和费用具有不确定性，交易的这一方或那一方都有充分的可能采取机会主义的行为。

因此，首先是衡量产出质量的资源费用增长。生产潜力一方面导致了物品和劳务的人均消费的总飞跃，另一方面也引起了衡量产出物品和劳务的质量的类似发展。分类、定级、作标记、商标、

① 钱德勒的确论述了科学管理的发展，第272—281页。高速计算机是降低交易费用的最突出的技术革新。

保证书和许可证都是衡量产品和劳务的特性需付代价的发明。[①]然而，尽管为衡量产品和劳务的“质量”投入了资源，但如所知，由于在衡量汽车维修、评价产品的安全性能或医疗服务的质量或衡量教育产出方面有许多困难，仍要耗费收入。我们有诸如《消费者通讯》、商业协会和改善营业署一类用户检查机构来维持质量。在政治上的一个重要后果，便是要求政府干预，提供质量标准。

其次，虽然班组生产符合规模经济，但代价是加剧了不负责任。工厂制度中的“纪律”，无非是对控制班组生产中不负责任这一问题的一种反应。从雇主的角度看，纪律包括章程、条例、奖惩办法等等。像泰勒制一类创新，是衡量个人成果的办法。从工人的观点看，这类创新则是鼓励加快生产和开发的非人道的发明。对构成契约成果的产出衡量没有一致的意见，也许各有各的理。

此外，机会主义行为的潜在增益同样提高了，结果导致了企业内（如劳资关系上）和企业间的契约性行为上的一些影响深远的做法。在各地的产品和要素市场上，因拒绝服务或在紧要关头改变协定条款而得到的收益提供了巨大的潜在收益。纵向合并、横向合并、参与者联合等等，都是为限制这类活动所作的努力；此外，吁请政府作为合同的第三方起作用的呼声越来越强烈，这也促成了许多条例的制定。[②]

再者，大规模的组织的发展产生了人所熟知的官僚主义问题。如果在大组织内增加章程和条例是一种减少不负责任和机会主义

① 参见巴泽尔（1980 年）和麦克马纳斯（1975 年）就产出质量的衡量费用所作的进一步论述。

② 参见戈德堡关于这一论点的阐释（1976 年）。

的发明，那么，与官僚主义有关的净损失便是人们所熟知的事情，这里无需赘述了。

最后，有几种外部效应：未标价的收益费用同样为人熟知，这种情况便是采用以上技术造成的，商业企业的发展是使未标价的收益内在化的一种办法。[①] 未标价的费用反映在现代环境危机中，在这一危机中，衡量和减少它们的问题既改变了自发性组织也导致了20世纪政府干预的加剧。威廉·鲍莫尔的《福利经济学和国家理论》(1952年)是早期将政府干预与外部费用联系起来的一种尝试。

不断涌现的关于工业组织的现代文献，为降低交易费用的组织创新提供了大量证据。但专业化和分工的发展仍是职业性的和区域性的。由于新技术降低了运输和信息费用，从而导致了地区性、全国性和世界范围的专业化，产生了对世界范围内供求形势十分敏感的市场，传递了整个世界的经济形势变化，结果，助长了世界范围的机会主义。最终使利用政府保护团体不受市场波动和国际机会主义影响的收益率提高。政治上的不稳定性以及经济上的相互依赖性便是专业化的价格。

第　五　节

第二次经济革命在西方世界开创了一个前所未有的繁荣时代，它也产生了一种对市场经济和市场配置资源形式的巨大反作

① 参见戴维斯和诺思的论著(1971年)。

用。存在已久的劳工运动在英国和欧洲多半是社会主义的和共产主义的，对这些国家的社会主义和共产主义政治制度及政党的出现起过重要作用。农民和农工运动如果并未强烈地敌视市场经济，至少保护了他们自己免受市场竞争的影响。第三世界国家对市场配置资源形式没有显出什么热情；而且甚至在那些市场经济仍占主导地位的国家，政府的发展也反映了那些政治制度控制方面的根本变化和经济组织结构上的相应变革。什么造成了市场制度趋向自行毁灭？

在短时期里，对国家的控制显然掌握在市场配置资源形式的发展增进了其私利的那些团体的手里。这就是前两章的内容。同样明显的是，对国家的控制已转移到赞成取消或至少赞成修改市场配置资源形式的那些团体的手里。以下提出两个假定来解释这一转变；这两个假定都起源于如我们所知是第二次经济革命的同一后果的专业化和分工。一个假定是，市场竞争引起整个异化，因为已出现的交易关系的个别特征，促使团体克服白搭车问题和增强对国家的控制（或至少参与控制）；另一个假定为，市场竞争导致利益集团利用国家来改变产权，从而减少竞争压力以保护自己不受竞争后果的影响。第一个假定主要导源于职业性分工，第二个假定则来自地理的分工——这两种分工都是第二次经济革命的一部分。让我们来逐一考察。

正是卡尔·波拉尼在《伟大的变革》(1957 年)中首先提供了一个有说服力的例子，证明市场社会趋向于自行毁灭。波拉尼证明，19 世纪在西方世界占优势的以市场为基础的社会和货币的商品化（通过国际黄金标准），破坏了社会的组织结构，因而具有内在不稳定性。为了了解他对市场经济批评的真谛，值得援引他的精辟语言：

> “如果听任市场机制成为人类命运及其自然环境乃至购买力的数量和用途的唯一指导者，那将导致对社会的破坏。就以所说的商品而言，‘劳动力’不可能被任意驱使、利用甚或舍弃而不影响刚好是这一特殊商品承担者的个人。附带说一下，在处置一个人的劳动力时，制度总是面对着‘人’那个称号下身体、心理和道德的统一体。人类要是失去了文明制度的庇护，大概会暴露在各种社会影响下而遭致灭亡；人们大概会沦为严重社会混乱——通过堕落、悖乱、犯罪和饥饿——的受害者而死去。大自然会被分割成七零八落，周围景观污损不堪，河流被污染，军事安全没有保障，粮食和原料的生产能力遭到破坏。最后，市场对购买力的管制会周期性地使商业企业倒闭，因为货币的短缺和过剩已证明像原始社会的洪水、旱灾一样对商业是灾难性的。无疑，劳动、土地和货币市场是市场经济不可缺少的。但没有社会能经得起这种粗陋虚构的制度的影响，即使是最短的一瞬间，除非其人类和自然财物及其商业组织受到了保护免遭这恶魔一般碾磨机的蹂躏。”（1957年，第73页）

波拉尼的批评沿袭着德凯伊姆和韦伯的传统；但波拉尼根据“无管制市场”造成的社会不稳定性，最生动地描述了“无管制市场”的破坏效应。他的分析与他的丰富多彩的描述不同，是模糊的，不明确的，有时简直有点虚幻。他强调，是国家创造了非人力的市场；但他在任何地方都没有提供一个既能说明国家创立一套产权、又能解释集团如何影响国家造成"自行调节市场"瓦解的国家理论；他在没有提供一个思想理论的情况下，生动描述了对社会组织结构的破坏；而且他继续把非市场配置资源形式与社会的即非经济的目标视为等同。这时，如本章前一节所述，实际上，两者往往都导源于为降低交易费用所做的努力。不过，波拉尼的基本直观是正确的，他提供了用以发展一个理论结构的思路。

我们可以从与波拉尼相同之处开始，即对国家控制的改变，导致了前几章所述的对要素和产品市场约束的瓦解。大规模非人力的要素和产品市场的建立，是实现第二次经济革命生产潜力的基本前提，但付出的价格是整个思想的异化。有必要回顾一下第五章开头提到的关于思想上的两难困境，才能抓住问题的核心。任何社会的稳定性，都要求有一个思想的上层结构以使竞赛章程合法化。

根据交易费用，第四章所描述的个人化交易因为既是多次交易又是个人交往，从而将不负责任和机会主义带来的利得减少到最低限度。此外，交易过程是在章程和产权的社会公正伦理原则下进行的。互利性当然增强了这些行为准则，但把指导个人交易的"全体一致的"思想想象成纯粹的互利主义则是错误的。它实际上是一种生活方式，而且在那些条件下起码应有交易和检查的正式规章。

相比之下，非个人市场的交易过程首先提倡各种不同的现实观念，转过来引起了思想的差异和冲突。劳动者的感受与其他劳动者的感受相同，愈益切断了个人的联系而产生了一套共同的价值准则。非正式的协定被迫让位于正式契约；随之而来的非个人市场组织结构使陷入了霍布斯主义两难困境的那种行为特点受到鼓励。即正式的章程演变为约束市场交易行为，但也造成了要为不服从那些章程给予大量报偿的条件。受私人交易中全体一致思想约束的那些行为主体，不久逐渐看出正被他们利用的这一新环境要大量报偿交易双方的最大化行为。非个人市场的竞争，已将一种基本上是对抗性的关系引到交易中来。传统的身份关系，"公平的收益率"，诚实不欺，已被随处可见的讨价还价、勾心斗角所取代。特别是在班组生产中，劳动产出不能衡量更引起了用消极怠工来对抗加快生产。

毫不奇怪，马克思在这种环境下，会建立以阶级斗争为中心、而以技术为外生变量的历史理论；或者约瑟夫·熊彼特会主张资本主义成功本身便带来将导致其垮台的思想异化。但熊彼特和波拉尼的分析中所忽略的，以及马克思及其追随者唯一不完善和未详尽论述的就是这样一个理论，该理论会解决白搭车问题，引导试图利用政治程序保护其交易条件的集团去夺取国家（或至少是部分控制国家）。

在 19 世纪的英国和欧洲，阶级意识的发展，一直是社会主义历史学家所热衷的一个题目，并且，许多曾是马克思主义者的作者，他们的思想观点为工人异化过程提供了真知灼见。马克思强调意识基本上受人对生产方式的关系的制约，堪称是一个重要贡献。非个人劳动市场的建立，切断了工人的旧的思想联系，并使他与其他工人在共同对抗雇主的利益方面一致起来。用查理·蒂利的话说，“马克思关于法国阶级斗争的描述业已经受了时间的考验而不是可能”(1969 年，第 13 页)。工人运动从卢德主义到宪章运动到工人政党的各个阶段反映了英国工人思想观点的演进。在欧洲大陆，阶级意识发展稍晚，反映了非个人劳动市场发展的差距；不过，尽管起源不同，但相似的保护模式却逐步形成了。[①] 不过，在欧洲大陆，马克思对工人思想观点的影响要比他在英国大得多。

职业专业化和分工的结果，破坏了构成全体一致思想结构的交往和个人联系，并且产生了各种不同的意识形态，这些意识形态便建立在职业专业化环境派生出的关于现实的、新鲜而冲突的概念之上。异化使参与对国家控制以改变其交易条件的集团活跃起来。

相反，第二个假定提出市场制度自行毁灭趋势来源于竞争所固有的不稳定性，而不稳定性则是因交易费用下降引起地区性、全国性和国际性专业化和分工所致。这一竞争反过来又引起交易条件的剧烈波动(在劳动市场上，还引起失业)，并导致利益集团试图将资源用于影响或控制国家政策以利于减轻竞争压力。就农民集团而言，大集团行为产生于以下深刻的信念，即农民是工业制度的不利贸易条件的一种牺牲品。对制造业主来说，新竞争打破了既存的地方垄断，导致了对影响国家活动的参与。在马克思主义文献中，这往往被看作是上升的资产阶级推翻地主阶级政治统治的阶级斗争，比如谷物法的废除；不过，强调这一点会模糊有产集团为减少市场竞争而进行的斗争。自由贸易在欧洲的胜利是辉煌而

① 参见里姆林格的论著(1960 年)。还可参见蒂利的论著(1975 年)。

短暂的。很快就被取而代之，不仅重新为外部竞争设置了障碍，而且在内部也尽力减少了市场竞争。

第　六　节

上个世纪西方经济由于第二次经济革命而发生的结构变革，一直是社会科学家在大量文献中所讨论的题目。对于我们的理解具有重要的贡献，只是描述还不完整；此外，因为思想差异和学术训练的门户不同，至今仍缺乏一个关于结构改革的综合性的总看法。

新古典经济学已经认识到并阐释了在零交易费用意义上这场革命的生产率含义，近来又探讨了正交易费用对经济组织的含义。但是，它没有抓住意识形态的重要性，因而提供的只是一个表面的政治过程理论。以新古典理论为其分析依据的新经济史学家，很少谈论历史上的结构变革；连正交易费用，文献也是刚刚才渗透到经济史研究之中。

马克思主义分析的力量恰恰在于它着眼于结构变革及社会生产潜力与产权结构之间的关系；但强调阶级划分使经济组织所固有的阶级内部的冲突模糊了。马克思主义分析最严重的缺陷在于，它把异化问题想象成导源于资本主义，而没有看出这些问题是第二次经济革命所固有的组织后果。消极怠工，投机取巧和外在化在苏联和其他社会主义国家也像在资本主义国家里一样盛行。西方世界马克思主义者广泛传播的观点（认为苏联不是社会主义的）的确基本上是对现代组织危机性质的一种误解。

从德凯伊姆到塔尔到塔尔科特·帕森斯的社会学传统，都已认识到现代社会组织的瓦解作用。帕森斯的《社会行为结构》(1937 年)是开始抓住许多问题的先驱性的尝试，但帕森斯未能解决白搭车难题，从而未能提出一个前后连贯的理论。政治学者也没有提出一个国家理论，虽然他们考察了多元主义的兴起，即多个利益集团控制政治过程。

最后，我们回到卡尔·波拉尼这里。作为现代不幸的基础，自行调节市场的来源乃是非个人的劳动市场，非个人的土地市场和金本位制。这三个方面不是消失了，就是在结构上发生了变化，以致与波拉尼所描述的这三个方面在 19 世纪的特点没有相似之处，而结果与波拉尼对这种变革所持的谨慎乐观的看法毫无相似之处。对国家的多元控制是在工人、农民和商人集团的斗争中形成的，它促成了早期产权结构的解体，并用政治舞台上的斗争来代替财富和收入的再分配，而代价为牺牲了第二次经济革命的有效潜力。此外，由此引起的斗争并没有导致一个解决组织上紧张关系的新的思想社会结构。

自 1914 年特别是自 1930 年以来，金本位制受到侵蚀，已经使货币供给的名义上的依靠不复存在，从而使限制价格水平变动的力量不复存在。因此，竞争的利益集团操纵货币供给，是现代社会不稳定的重要力量。①

波拉尼归结说，“社会主义在本质上是工业文明所固有的趋势，通过自觉地使自行调节的市场服从民主社会来超越自行调节

① 参见巴罗的论著(1979 年)。

的市场”(1957 年,第 234 页)。尽管波拉尼对各种问题作了有洞察力的考察,但也未能理解第二次经济革命。

第十四章　1789—1914年美国经济的结构和变革

第　一　节

由于第二次经济革命，西方社会的全部经济都经历了影响深远的结构变革。虽然初始的政治经济结构不同，但随之而来的变革都导致政府作用上升。美国的情况因其起源的缘故反而是例外的。

政府的发展，不仅是政府收入在国民总产值中比例的增长；也是参与政府管理的集团的扩大（多元主义），规定了经济结构的一组约束的改变和那些约束点的改变。

按照在本书第一编里提出、而在第二编关于历史的几章中大为扩展的分析框架的假定，政府的发展是不足为怪的；而令人惊异的倒是，有过一段短暂的时期，国家的作用相对受到了限制。美国殖民地处于特殊的地位，它从英国接受过来的不仅有那里已经形成的产权（和公业法），而且有对一个在英国革命中出现的强国的深刻不信任；美国革命和十三州邦联时期，各州自己的行动进一步加深了这种不信任。本章的内容为宪法的制订者是怎样试图控制国家以及这些控制最终是如何失败的。要注意的是，因为大萧条事件与这一结构变革有典型的联系，一般叙述完那桩事件便停住了；然而这种看法完全不正确。在美国和其他欧洲国家，变革的基础已由第一次世界大战奠定；大萧条不过是一个插曲，是加速这一变革的中介。经济学家和经济史学家未能分析结构变革，已经使他们对20世纪的经济且发生了误解。[①]

第　二　节[②]

我先着手考察那些创始者的宪法结构。詹姆士·麦迪森证明，总会有许多相互冲突的有产者集团的，还证明，他们的相互斗争如果不加控制——可能使政治经济制度屈服。冲突的集团（有产者的或无产者的）假定都有机会在政治上重建产权，会利用这一手段牺牲他人和制度活力，对财富和收入进行再分配。

麦迪森在《联邦政府报》第10期上详细展示了所有政治制度的基本难题，值得再读。

> “各种不平等的财产分配，是派别斗争最常见和最持久的根源。有产者和无产者总是构成不同的社会利益集团。债权人和债务人受到不同的待遇。有地产的集团、制造业集团、商人集团、金融集团与许多较小的集团，在那些文明国家必然一道成长，并且把它们分成按各自情绪、观点行事的不同的阶级。调整这些不同的互相冲突的利益集团，是现代立法的基本任务，也是各党各

---

① 休斯（1977年）、安德森和希尔（1980年）是例外，不在这一般批评之列。

② 这一节摘引自诺思的论著（1978年）。

派在政府日常必要的运转中所奉行的宗旨……。

我们得出的推论是，派别斗争的原因不可能被消除，只有尽力靠控制其影响来使之缓解。

如果反对派不到半数，那么，可以靠共和国的原则来调解，从而能够使多数人通过例行的投票来防范那些有害的看法。派别斗争可能会妨碍政府，可能会给社会带来骚动；但它不能用宪法的形式来行使和掩饰其暴行。另一方面，当大多数人反对时，大众政府能够使之为其主要选择或利益（既是公益也是其他公民的权利）作出牺牲。保证公众利益和私有权不受这种派别斗争的威胁，以及同时维护大众政府的精神和形式，就是当时我们探讨所指向的重大目标。”（1937年，第87—88页）

麦迪森在立宪大会上帮助确立的政治结构，显然是为了防止宗派统治。他希望社会集团不谋私利地通过政治程序致力于财富收入的再分配。发明检查和均衡制度旨在使任何派别——无论是多数派或是少数派——以这种方式利用政治制度都要付出极高的费用。政治制度分为三个组成部分，即行政、立法和司法；立法机构又进一步分为两院；联邦政府、州政府和地方政府的运行都旨在使努力重建产权以求再分配收入财富变得困难重重①。

美国最高法院从1801年到1835年的首席法官约翰·马歇尔

① 实际上，废除奴隶制，这一19世纪产权方面的重大变革及由此而来的对财富的再分配，是通过内战完成的。

曾担心宪法被批准前私人财产权苦于没有安全性，当时“立法程序已在许多州、即使不是所有的州里流行，它削弱了人对人的信任，并使个人之间没有忠实践约的一切交易都变得寸步难行”。[①] 增强私人财产制度，在很大程度上靠法律来限制政府权力。目标是用一个非个人的法律结构来体现一组复杂的规章——这组规章不受政治幻想所左右而由立法机构来改变。这样，如同马歇尔法官所解释的，制定宪法的契约条款旨在克服私有制中的不安全性，而这种不安全性，特别是由加入邦联的那些州的行为造成的。

也许需要强调的是，宪法广泛反映了制定者的利益。虽然他们的利益并不一致，并导致了许多妥协，但基本宪法结构与第三章提出的论点是一致的。怀疑查理·比尔德的《关于宪法的一种经济解释》(1913 年)已变得很流行，但回过来，幼稚地认为宪法是反映超越现实的智慧，则同样是不审慎的。宪法所反映的思想观点比任何个别的利益都要广泛，但它仍囿于制定者的眼光，与他们的利益在总的方面一致。制定者的目标在于阻止一切派别之争，然而，有些派别利用政府的费用相对于另一些派别要低一些，就像 19 世纪上半叶关税立法所证实的那样。

威拉德·赫斯特在其《19 世纪的法律与自由的条件》(1956 年)一书中引用了“释放能量”，这是 19 世纪前 60 年私法发展的原因，私法的发展将产权的解释从明显的反发展倾向转变成“有争议的财产使用的相对效率，应当是对法律上可证明是正当损坏的最

① 达特茅斯学院理事对伍德沃德案(1819 年)，康马杰公司再版(1948 年，第 220—223 页)。

高检验”（霍维茨，1977 年，第 38 页）。简言之，19 世纪中叶出现的美国社会的法律结构，是明显反映与新古典理论有相同的效率准则的一种法律结构。

但是应当承认，正如国民收入核算是对社会费用收益的一种有限的和近期的衡量，19 世纪的法律上和经济学上的效率准则也是如此。如前引霍维茨所阐明的，衡量那方面的损害需付费用；又不能仅仅考虑那些费用。更确切地讲，如国民收入核算衡量的内部化的收益和外部化的费用与高增长率是一致的。

新古典经济理论在当代出现是毫不奇怪的。在自由市场不断发展的历史背景上，新古典经济学家使私人产权制度内的交易成为他们理论的基石。他们主要关心的是以均衡价格和市场数量为特征的（按福利理论）经济效率。

这一政治法律结构对美国经济成就有什么重要性呢？经济史学家对这些作了详细调查，我在这里只想就国民收入核算衡量的成就强调两点。第一点，我们不大精确的统计表明，人均实际收入在 19 世纪前半期，平均每年按 1.3％的比率增长，后半期按 1.6％的比率增长。这第二个数字可以用另一种形式表示，即人均实际收入每 43 年翻一番。第二点是，财富和收入的分配似乎在那个世纪变得更不平均。①

转向增强政府干预，在 19 世纪最后 25 年里已经初露端倪，而重要的是指出它由来已久。在殖民时代（在英国的经济史上，可以

① 但是这一猜测的统计依据是薄弱的，而且，在 19 世纪美国经济中一个重要的结构性变化——奴隶解放——会朝相反方向起作用。

追溯到在这之前很远的时代)就有国家和地方对商业的控制。19世纪最后25年里发生的变化,是从州管制转为联邦管制、从鼓励和扶持转为控制。

这一转变过程中的明显标志是人所熟知的。1877年有芒恩对伊利诺斯案。该案判定"影响了公众利益的"私人企业应由伊利诺斯州政府管理和控制。10年后宪法中的商业条款,有利于防止那种妨碍了州际商业的州政府管制,而创建联邦州际商业委员会则是为了管理铁路。谢尔曼反托拉斯法在3年后出现了;1906年颁布了食品和药品清洁法;1914年成立了联邦贸易委员会。

农业保护运动的成功(绿背钞票、保护农业社、人民党)导致州政府管制,这是联邦管制的先驱,还引起对农业结构进行根本变革的需要。虽然在短期内农民达到了他们的一些目标,但他们终于开始跟麦迪森传统发生重大决裂。他们捍卫无管制市场的公平分配原则,要求在政治和经济上进行根本的结构变革以改变收入分配。

1890年的"边疆关闭"当然并未终止按各项土地提案对土地的利用,但毕竟使越来越多的人意识到土地和资源的供给不再是无限制的,并大大怀疑对这种公私土地的毫无限制的买卖究竟与社会福利一致到何种程度。

从农业社会到世界上先进的工业国家的转变,已由乡村社会变成城市社会、大规模经济组织的发展和移民流入提供劳动力反映出来。伴随这一变化的不适症状是人所共知的。劳动骑士团、干草市场暴乱、客车罢工和1912年选举中对尤金·V.德布斯的投票,凡此种种都是这一转变的反映。

发展中的城市社会,为了对付日益增长的"公害"做出了努力,虽然不是轰轰烈烈的，但同样令人惊异。1890 年，居民在10 000人以上的城市，有 26%完全没有下水道，而其中只有 45%的住所连接上污水系统。到 1907 年，几乎所有城市都有了污水系统。1900 年，享有用水供给的城市不到 3%，而到 1920 年，几乎 37%的城市都有了供水。

重要的是强调 19 世纪和 20 世纪初期的那些先兆，因为我们太习惯了以致不把转变看成是 20 世纪后期的现象。但正如休斯在《政府的特性》中指出的，“芒恩给思想打上了最高法院的印记，即在美国的资本主义中，私人财产是受政府控制的，即使那宗财产没有得到特别许可证或特许的好处，或者说是受国家对一切产业的支配权制约的”（1977 年，第 112 页）。类似的是，农民运动的纲领最后体现为主要党派的纲领并被一点点采用；而保护运动导致大量剩余的公地通过出售退回到私人手中。劳工立法也开始制定，对雇主和雇员订合同的自由加以限制，最明显的是关于妇女和儿童方面的劳工立法。

到 1914 年，政府的规模按在国民总产值中的比例衡量，已增长不大了，但导致麦迪森制度瓦解的重大的结构性变革已根基奠定。我打算在下一节简要叙述一下正在出现的那些变化，它们在改变利用市场较之利用政治程序的相对价格，而后考察第二次经济革命的组织压力以何种方式迫使集团改变市场制度。

第　三　节

决策的成本收益结构的重建是政治结构和司法立场改变所

致，特别是增加联邦政府税收的成本方面有一些变化，制定章程和决策从立法机构转到行政部门或从立法机构转到行政部门指定的强立的委员会；在货币供给的控制方面变成由行政部门来控制。我们依次考察如下。

1913 年宪法修正案使所得税成为法定的，其最初的公开起因是增加政府收入量和为转移支付提供依据。一旦这项修正案合适，由此引起的改变税率的费用便只需要国会规定。

在政府的行政方面，设立了一些部，它们已成为特殊利益集团的院外机构。此外，由于国会赋予了行政部门制定规章的权力，这些部门还渐渐承担了决策和制定规章的权力。农业部逐步形成的规章制定权（它于 1889 年曾达到内阁的地位）可以说明这一趋势。在肉类工业方面，出口市场是收入的一大来源；但从 1879 年起，由于疫情的缘故，欧洲国家相继限制进口美国商品。欧洲各国的限制，不仅损害了美国农民、也损害了肉类加工业工人。结果，保护农业社及肉类加工业工人为使联邦政府来检验肉类进行了游说活动。1884 年，国会在农业部内设立了畜牧局，1891 年，国会又通过了第一个肉类检查法；全部出口肉类都必须经农业部检查员的检查，违者处以罚款和监禁。结果，提供和实施了衡量产品质量的划一的标准：1906 年西奥多·罗斯福签署了肉类检查法，同一天，他还签署了食品和药品清洁法，这项法令具有在其他食品和药品方面实施质量标准的同样目标。

实施质量标准，是将这种制定章程的权力授予农业部的表面理由，而 1906 年法案通过的费用由于遭到公众反对（出现了厄普顿·辛克莱的“丛林法则”）而大幅度降低。但是，如果质量标准是全部问题所在，它们肯定可以通过肉类加工企业的自发团体行动来实现。那些企业对政府管制的强有力的支持表明有另外两个目标：使它们摆脱检查的费用和减少来自无数小肉类加工企业的竞争。[①] 虽然质量标准是作为公开的理由，但控制竞争从一开始就是将规章决定权从国会转移到农业部的一个关键。农业部的支持者，以各种借口继续迫切要求进一步将规章决定权从国会转移到部里，但主要的推动力是减小或消除市场上的竞争压力和提高需求。眼前要实施的就有价格支持、学校午餐计划、和平食物和牛奶销售法令。

商务劳工部于 1903 年建立，10 年后分成商务部和劳工部。与农业部的历史相似，它们的历史就是规章制定权演进到变更产权的历史。

规章制定权从立法机构转移到行政部门，在 1892 年到 1911 年之间，由于法院的判决而告完成，判决承认了立法机构有权将处理权限转让给行政部门。这些判决承认行政机构有权在国会规定的广泛的政策目标内制定章程。在美国对格里莫德案中（1911 年），法院宣布行政机关的裁定有法律效力。[②]

“政府委员会”的发展，近年来在美国经济结构变革中起了重要作用。少数委员会代替了臃肿不堪的麦迪森主义的政府机器，从而降低了利用政治程序改变产权的费用。建于 1887 年的州际商务委员会在美国经济史上的重要作用得到了正确评价，而且其制定章程权力的支展和扩展的历史在最近的一些研究中有充分的

① 参见科尔科的论著（1963 年，第 98—108 页）。

② 关于这一转移以及行政部门和规章制定机构的含义的进一步讨论，参见安德森和希尔论著的第 6 章（1980 年）。

证明。[①] 与规章制定权从立法机构转移到委员会相并行，规章制定的代表从立法机关转移到各行政部门。1906 年，赫伯恩法对州际商务委员会的权力规定到最大限度。1910 年曼—埃尔金斯法使州际商务委员会的控制延伸到电话、电报和海底电报事业。它不仅在削弱运输业的竞争上起了重要作用，而且为稍后创建那些委员会树立了一个范式。1914 年成立的联邦贸易委员会是委员会政府在更广泛的基础上处理不公平的竞争和价格歧视的逻辑延伸。新政时期的"字母花汤"(Alphabet Soup)[②]只隔了 20 年。

1914 年创建的联邦储备系统，在经济史上通常被看作是全国金融委员会研究的一项成果，是对 1907 年恐慌中呈现的货币供给的无弹性所作的一种反应；也是同认为单一中央银行过于强大的思想的一种妥协。但是其创建的更重要的方面，是将金融政策与政治制度紧密联系起来的结构变革。在短期内，这一变革导致了本杰明·斯特朗和纽约联邦银行的出现，最后导致了一个强大的州长委员会和政治上对货币供给的控制。

虽然结构变革带来的大部分信用归因于利益集团压力利用政治程序，但司法制度的作用也是很重要的。如哈里·沙伊贝尔所指出(1972 年)，芒恩案例早已成为州法院的判例。继芒恩判决之后，最高法院似乎很快就不费力地采取了这样的路线，在某些案例中支持政府对联邦制定规章的权力，在某些案例中不予支持。有时，法院似乎老是否定芒恩的教义。然而事实毕竟是不容置疑的。

---

① 参见麦卡沃伊(1965 年)和休斯的论著(1977 年，第 115—120 页)。

② Alphabet Soup：字母花汤，含有以硬粒小麦面团压切成英文字母花纹的一种汤羹。——译者

到了 1914 年，结构变革大部分已停当，而如果没有法院的帮助或至少是默许，是不会出现这种局面。[①]

第　四　节

不难看出，利益集团的压力在结构变革中起了重要作用；但如果不对给予利益集团以活力的第二次经济革命的力量以及使参与者面临的一系列选择发生变化的思想变化的作用加以考察，那么历史的真相仍不完整。

农业运动是对日益加剧的世界范围内的农业生产者竞争——它使农民蒙受剧烈的价格波动——的一种反应；它也是对铁路、谷物仓储和加工方面的实际价格歧视的一种反应。保护农业社运动要求地方和州进行政治干预来改变与铁路和谷物仓储的交易条件；而要求减少竞争和改变农产品与非农产品之间的交易条件（以及法院对州干预的局限所作的解释）使农民把注意力转向全国范围。

这一时代商业企业的历史，一方面具有残酷掠夺的特点，另一方面为“看得见的手”发展。这两种情况事实上反映第二次经济革命的组织后果的一些成分。我在前一章里已简要叙述了像钱德勒富有说服力地叙述过的那种管理革命。当然还有一部分历史是专揭丑闻的作品所记述的那类事件：德鲁、菲斯克、古尔德以及其他一些人操纵铁路资金；人寿保险公司控制纽约州立法机构；洛克菲

① 参见休斯（1977 年，第 4 章）和凯勒（1977 年，第 9、10、11 章）关于法院立场演变的论述。

勒与宾夕法尼亚铁路公司达成协议；摩根为了产业合并所作的广泛努力；还有许许多多这一镀金时代的商业活动现象。它们都反映伴随着第二次经济革命而来的投机取巧和限制竞争所带来的巨大利益。它们也反映自发性的解决不可靠，因为按“君子协定”作弊的利得只是暂时的，不能带来持久的稳定性。在 1874 年到 1898 年之间，将西部农业区与东部沿海地区连接起来的大干线，由于运价协议经常被破坏，经过了 4 次大改组和无数次小改组。[①]只有托拉斯是对投机行为的一种有效的反应，而 1890 年谢尔曼的反托拉斯法，至少部分是为关闭此门而制定的。利用政府机器便是必然阶段。人寿保险公司利用州政府机器来减少竞争和防止对政策不满的股票持有人要求大公司公布穷人的股息（诺思，1953 年）；其他商业和金融利益集团发现它们可以更有效地通过联邦的各部门和委员会制止竞争[②]。

欧洲的劳工运动虽则早已转到政治进程，不过它对美国经济的结构转变没有起重要作用。塞缪尔·冈帕斯的美国劳工联盟受行业工会控制，这些行业工会大权在握，可以限制入会和从事改善其交易条件的投机活动。在第二次经济革命的许多部门当中，劳动力中有大量的移民成分，由此带来了民族和语言的差异，老谋深算的雇主们利用这些情况来提高组织费用。这一差异同样提高了工人推广联合政治活动的费用。许多社会立法，无论是开始实行的（结

① 参见凯勒的著作（1977 年，第 424 页）。尤伦（1980 年）强调自发性合谋在扩张时期曾有效过，但在收缩期则趋于瓦解。至于个别压力集团在迄止 1920 年的许多年里一直凌驾于州际商务委员会之上，他也提出质疑。

② 参见科尔科的论著（1963 年）。

果常被法院宣布为违宪），还是已通过的，都与美国劳工联盟无缘。诚然，1935 年社会安全法令通过后，其右翼崛起，其领袖大半都敌视这些努力。为了说明最早发展的这些社会立法大多数是由中产阶级改革者们鼓动的，就需要把意识形态的一些重要因素考虑进来。

我没有意识到可以用证据明确估量思想信念对利益集团压力通过当代立法的重要性。所得税宪法修正案是人民党党纲的一部分，也像那个农民运动一样，不考虑意识形态的重要因素是讲不清楚的，因为它带有成功地克服了白搭车问题的大团体活动。加布里埃尔·科尔科在《保守主义的胜利》（1963 年）中提供了一个令人信服的例子，即利益集团利用进步运动来达到它们的目标。如已指出的，厄普顿·辛克莱的丛林运动在帮助 1906 年肉类检查法案上起过重要作用。米勒（1971 年）指出，支持保护农业社法的最重要力量，是受到铁路发展竞争不利影响的各地商业集团。

情况是明显的，农民和进步运动的思想信念，导致了一些使利益集团得以用来变革制度的活动。最明显反映思想转变的是法院立场的变化。最高法院立场的逐渐改变是一个很长的过程，从首席法官韦特在芒恩案中的立场到菲尔德法官和霍姆斯法官就尼比亚对纽约一案（1934 年）的争论经历了一个很长的过程。在尼比亚对纽约一案中，法院宣布“受公众利益影响的商业案例或范畴没有保密的……”。[①] 思想转变到 1914 年仍在进行，而在 30 年代最后确定下来。

① 引自休斯的著作（1977 年，第 213 页）。休斯和安德森和希尔（1980 年）著作的第 7 章，提供了对思想转变的一个描述。

第 三 编

理论和历史

第十五章　制度变革理论和西方世界经济史

第　一　节

制度提供人类在其中相互影响的框架，使协作和竞争的关系得以确定，从而构成一个社会特别是构成了一种经济秩序。当经济学家谈论他们的学科是一种选择理论，谈论选择内容受机会和偏好决定时，他们不过把制度框架限制着人的选择倾向加以省略了。制度实际上是人和资本存量（如第一章所定义）之间及资本存量、产品劳务的产量和收入分配之间的过滤器。

本书题目所用的"结构"一词涉及制度框架。"变革"一词涉及在一段时间里制度的设立、更改或破坏。在这一章，我打算尽可能将第一编提出、而在第二编当作探讨经济史的框架来用的制度变革理论统一起来。

第　二　节

制度是为约束在谋求财富或本人效用最大化中个人行为而制

定的一组规章、依循程序和伦理道德行为准则。在政治或经济制度方面，财富或效用的最大化要利用交易带来的增益是专门化（包括暴力行为的专门化）的结果。这个模式的基本特征在代理人和本主之间。简言之，代理人为本主工作，或用梅克林和詹森的更规范的术语说，本主“雇别人（代理人）代表他完成某些服务，包括把某种决策权委托给代理人”（1976 年，第 308 页）。梅克林和詹森所涉及的是一种自愿性的关系；应当指出，在我的框架中，关系既有自愿性的关系，也有非自愿性的关系（如奴隶制）。而重要的是强调即使在非自愿性的关系中，由于本主不能完全约束代理人的行为，代理人仍有某种程度的决策权。大多数人既以雇员充当代理人的角色，又以消费者充当本主的角色。虽然其他学科的社会学者也许不习惯于把消费者看作是以上定义所用的那种意义上的本主，但这种用法与新古典经济学的核心主张即消费者主权是一致的。这一定义不意味所有本主都是同样有权和有影响的，而所有代理人都是同样“无权的”。定义的核心是双方的契约关系。[①] 例如，它不意味领主和农奴是平等的；而是指他们之间交易关系的规定是一种契约关系，即使交易条件大大有利于领主。饶有趣味的问题是，什么决定了对领主有利的那些条件的限制，以及那些条件在一段时间里是怎样改变的。

我将在下面探讨决定交易条件的一些因素；但首先要规定一下个人行为的特征，这些特征导向构成制度的各种约束。我们靠

① 制度理论的这一契约方法，还有一个重要优点，那就是契约在文件中作了典型的规定，从而为据以引出可验证假定——对有用的理论化十分重要——的观察提供了可能。局限性在于，行为准则并不是典型的、成文契约的一部分。

经济理论的个人最大化假定来作出规定。该假定认为，个人在没有任何约束的情况下可以最大限度地增加其利润；其次，人类组织可以通过对某些行为类型的限制实行约束。[①] 如果没有约束，我们便置身于霍布斯丛林[②]而不可能有文明。

行为约束包括各种禁忌、规章条例和规劝告诫。虽然有些约束是所有社会共有的（任何协作活动都必须有一些最低限度的行为模式），但还有一些约束只具体针对不同历史背景的本主的利益。就历史背景而言，我指的不仅是第一章所描述的现有的资本存量，而且是现存制度所规定的约束存量（下面考察制度变革时，将对这个问题作进一步探讨）。虽然将宪法章程、操作条例和规范的行为准则加以分开很有用，但在实践中，它们往往相互重叠。

宪法章程，是为规定产权的基本结构和控制国家而制定的一些根本性的规章。目的在于使修改章程比运用条例要付出更高成本，无论成文法、不成文法或者自愿性契约，凡是操作条例都在宪法章程的框架里来规定交易条件。规范性的行为章程，是旨在使宪法的和操作的条例合法化的行为准则。于是，在封建社会，庄园的习俗是一组宪法章程，但也体现某些操作条例和规范行为准则。

章程，是比照着已察觉的依循费用来制定的。因此，现存的衡量技术、实施费用和道德伦理行为规范都要纳入章程制定的核算。

① 这里的论点不同于有关工业组织和公共选择的某些文献，这些文献认为，某些人以机会主义行为“用诡计达到最大化”，某些人“追求租值”。在我的模型里，这些人只是所受的约束与别人不同罢了。区别是重要的，因为前者的方法指有些人能最大化，而有些人不能最大化，但并未对不同行为提供首尾一致的逻辑解释。我把意识形态归结成一种对行为的约束，将两种方法区别开来。

② 霍布斯丛林，指弱肉强食、残酷竞争的社会。——译者

不断问世的交易成本文献，已经提出了整整一族条件以说明与人类经济的相互作用有关的费用。突出的有信息费用、代理费用、怠工和投机费用。文献的另一个组成部分强调由不确定性而产生的费用、通过保险来减少风险以及不利的选择和道德公害等问题。依循费用，是检查违反契约协定并施以处罚的费用。检查违约的成本是衡量成本，而在本主的交易中，对交易产品和劳务的特征进行衡量和不完善衡量的外部效应，都要付出很高的费用。在本主和代理人的关系方面，有衡量代理人成绩的成本，还有因衡量不完善而导致无效率的成本。制定适当处罚的费用包括估价危害的费用。

本主的代理人就是实施契约协定和制定处罚的人；而且，因为这些代理人不完全受本主的约束，实施费用也与政治—法律结构和规章中显出的合法性有关。不确定性是由长期契约造成的，这意味着在契约条件方面，未来相对价格有许多未知数；个别契约交易所特有的投资，常常得不到完善实施，因而很容易有投机行为。

机会主义，指一种明显的违约，因而费用来自实施不完善。另一方面，因为对该契约劳动产出的衡量难以达成一致，又产生怠工费用。衡量劳动产出的质量和数量的成本，是代理人问题的真正核心。为什么计件工资没有被更广泛利用，原因就在于此；它是雇佣关系冲突的核心，同样也是官僚政治问题的核心。对绩效的衡量没有达成一致意见，因而双方都得遵守契约或无代价履行契约。

个人化的交易——多次交易和私人契约——尽量减少对正规章程和依循程序的需要，因为互惠性和思想一致（见下）约束着行为。凡是出现非个人交易的场合，竞争在约束交易双方的行为方面都起着关键作用。在等级制度组织里，竞争越是被冲淡，对正规章程的需要就越大，为衡量绩效发明的检查手段便越复杂。

道德伦理行为准则，是构成制度约束的一个重要部分，是个人在与环境斗争时发展的现实（意识形态）结构派生出来的。意识形态与道德不同，因为它既包含理解世界的一种综合方法，又按费用信息使行为节省；不过，意识形态确实体现对制度特别是交易关系的公正或公平的一种判断。当世上人们有相似的经验时，一致的思想便应运而生；而对现实的看法有分歧和冲突时，也就形成了不同的意识形态。因而，一致的思想是对正规章程和依循程序的替代。随着不同意识形态的发展，投资于使其他本主和代理人确信制度是公平合法的从而降低依循费用，这对统治者是有利的。而且随着不同意识形态的发展，一致思想认为可行的制度不再是可行的，因为必须使规章成为正式的，而且依循程序的发展要考虑检查和惩处违约行为的费用。

宪法章程与有关的道德伦理行为准则合为一体，构成制度稳定性的基础，并使制度放慢变革。这种结合产生了一种内生的行为模式，它像资本存货一样，往往只发生渐进性变化。

第　三　节

政治—经济系统，是由一些相互有特殊关系的复杂制度构成的。宪法章程是这种系统最基本的组织约束。其目标为，通过对产权和强制控制的基本的结构加以规定，使统治者效用最大化。统治者将提出以下目标：1. 规定财富和收入分配模式；2. 在竞争的国家的世界中，规定出一种保护制度；3. 为一组降低经济部门交易费用的操作条例设置框架。

现有军事技术的特点是前两个目标的重要制约因素，因为现有军事技术特点决定着国家内部和国家之间潜在暴力的分配。在国内，军事技术的特点与依循费用（即可用来衡量绩效的技术和使规章合法化的费用）共同决定统治者和选民之间的基本交易条件（产权结构）。在国家之间，军事技术与代理费用共同决定国家规模的上限。不过，意识形态在以一定的军事技术增强潜在暴力和减少代理费用方面，也是很重要的。

统治者与选民之间的总交易费用，将由其中本主的机会成本来决定；统治者的净费用为总费用减官僚制度的代理费用。

宪法章程展示出产权的基本倾向，而政府则提供裁决和实施规章的框架，公布为降低政治结构的依循费用和经济部门的交易费用而规定的行为准则。

因而，构成经济组织的契约关系的形式，基本上由政府决定，首先，要考虑各种选民的机会成本不同（可能会导致反映选民集团政治权力的所有权），其次，要考虑统治者检查经济绩效的成本。在这些限制条件下，政府最后可能提供公共产品基础促进经济活动。在这一框架里，发展的自愿性组织形式将依赖于相对价格、技术存量和实施经济组织替代形式的费用。前两个构成第一章所述的新古典经济学的传统生产理论，除了要强调一下在决定专门化增益（通过规模经济）的技术存量和替代组织形式的费用之间关系紧张外，这里无需再作说明了。专门化的增益越大，生产过程的阶段便越多，交易费用也就越高。相对于等级组织而言，市场对以上各个阶段可能组织到何种程度，将依衡量和实施的替代费用而定。既然纵向合并为等级组织，意味要素市场替代产品市场（它是企业代替市场交易的重大后果），关键的决定因素应是组织要素，特别是劳动力市场的成本。创建非个人要素市场，是实现专门化增益的一个重要步骤。政府使土地和劳动力市场的发展可能实现到什么程度，将依赖于以上所说的两个约束。例如，这种发展可能加剧潜在的冲突，像都铎王朝圈地那样，从而威胁统治者的安全。

第　四　节

我在前一节探讨了在历史的各个阶段构成一种政治经济系统的那些制度的横断面。在这里，我选取纵切面来探讨制度在一段时间的变革。

我在本章开头曾宣称，制度不仅是个人和资本存量之间的过滤器，而且是资本存量和经济绩效之间的过滤器。它们决定系统的产出和收入分配。作为过滤器，它们生来是保守的，因为它们提供社会的稳定性也就是本主收入的安全性。引入时间是对制度的一种不稳定的影响，因为本主终有一死而资本存量则要改变。

本主之有差异，不仅由于技艺和企业能力不同，而且由于一种制度的合法性至少有部分给本主保留下来。因此，不管后继的章程规定得如何仔细，继承者在与其他本主和代理人议价的地位上都与以前的本主不同。

资本存量首先由于人口变动而改变。虽然我们有时看到人口在一段时期会自动平衡，人口变动仍始终是资本存量变动的最明显的原因。长期模型是向上的，不过，也有很长时期的人口下降。

其次，资本存量变动是因为知识变化。人类不仅增加了他们的纯知识存量，而且增加了体现为技术发明和人类技艺的应用知识的存量。知识的增加不仅改变相对价格，而且由于它在历史上大体是不可逆的，这就保证变革不是纯周期性的（这个问题留待下面讨论）。

资本存量的改变引起制度多方面的变革。相对价格的变动影响着本主之间的议价地位。也影响着本主和代理人之间的议价地位。军事技术的变化（实际是相对价格的一种变化），影响着国家的规模和统治者对选民以及对其他统治者的议价地位。此外，由于个人对交易关系是公正或不公正的看法发生了变化，从而改变了意识形态，结果实施规章的费用也改变了。

以上对制度变革原因的总的讨论表明，资本存量变动越快，现存的制度体系便越不稳定。在这一框架中，革命更像是使选民福利得以改善、因而使统治者相对于选民受到根本削弱的资本存量的迅速改变。

知识存量的积累，给政治和经济制度的长期变革带来一种进化的秩序——这是本书关于历史那几章的论题。历史上的两次经济大革命，开始了制度组织方面根本性的长期变革。第一次经济革命用了大约一万年。我们生活在第二次经济革命当中。

第一次经济革命产生了国家、确立了经济秩序所必需的政治约束、出现了超出部落采集、狩猎单位原始要求的专业化和分工。虽然职业专门化有了很大发展，但仍具有个人交易的特点，其限界决定于技术存量的限界。军事技术的重大发展导致国家规模的扩大(以及由此而来的区域专门化和交易的扩大)。随着统治者被迫交换产权和政治特许权,以便建成有活力的军事秩序应付国家之间普遍的竞争,军事技术的要求又导致对国家控制上的变化。随着国家规模扩大,为了从较大政治经济单位得到收入而制在章程和依循程序的代理费用和制度创新费用都增大了。

意识形态的差异,最初起因于跟环境作斗争的团体有各自不同的地理经验,后来,这种差异发展成不同的语言、宗教、习俗和传统;这些反过来又造成了冲突的基础和国家内部、国家之间财富收入分配的持久紧张。

使第二次经济革命成为可能的是知识存量的增长。这一增长以军事技术的变化为先导,军事技术则改变了国家的生存规模,导致了为争夺对国家控制的斗争,最后,在西北欧应运出现了一个创造出一组产权从而引起经济增长的政治结构。

第二次经济革命带来的专业化的增益,为20世纪的西方世界带来了前所未有的生活标准。对自愿组织的规模和控制结构进行根本性变革,旨在获得专业化的增益而不使连带的交易费用相应增加。国家内部和国家之间不稳定的后果,来自于不同集团在这一新职业环境和地区专门化中机会成本的改变。职业专门化引起的意识形态差异,使得一直因种族(地理)差异而存在的意识形态差异变得更严重了。

专业化增益和专业化费用之间不断发展的紧张关系,不仅是经济史上结构和变革的基本原因,而且是现代政治经济绩效问题的核心。本书试图说明这整个过程的来龙去脉。如果论点有价值的话,也就为重新评价有关当代经济绩效的理论提供了一个基础。

被认为是约束演进理论的经济史，不仅能解释过去的经济绩效，而且为现代社会学家提供了一个可用以解释现代政治经济制度绩效的日臻完备的框架。那项任务还是留待以后去完成吧。

参 考 书 目

阿尔切安(Alchian, A.):"不确定性,演进和经济理论",1950 年。"Uncertainty, Evolution and Economic Theory", Journal of Political Economy, LIX.

阿尔切安和登塞茨(Alchian, A. and Demsetz, H.):"生产、信息费用和经济组织",1972 年。"Production, Information Costs and Economic Organization。"American Economic Review (December).

安德森(Anderson, Perry.):《从古代通向封建制度的途径》,1974 年。Passages from Antiquity to Feudalism. London: New Left Books.

安德森和希尔(Anderson, Perry and Hill, Peter.):《一个变动社会的诞生》,1980 年。The Birth of a Transfer Society. Stanford: Hoover Press.

巴迪安(Badian, E.):《热心公益者和无赖汉》,1972 年。Publicans and Sinners. Cornell University Press. Ithaca.

巴罗(Barro, Robert):"金本位制下的货币和价格水平",1979 年。"Money and the Price Level Under the Gold Standard." The Economic Journal (March).

巴泽尔(Barzel, Y.):"衡量成本和市场组织",1980 年。"Measurement Cost and the Organization of Markets."Unpublished manuscript.

巴泽尔:"等候配给理论",1974。"A Theory of Rationing by Waiting."Journal of Law and Economics (April).

鲍莫尔(Baumol, William):《福利经济学和国家理论》,1952 年。Welfare Economics and a Theory of the State. Cambridge: Harvard University Press.

比恩(Bean, Richard):"战争和民族国家的诞生",1973 年。"War and the Birth of the Nation State."Journal of Economic History (March).

比尔德(Beard, Charles):《关于宪法的一种经济学的解释》,1913 年。An Economic Interpretation of the Constitution. New York: Macmillan and Co.

贝克尔(Becker, Gary):《对人的行为的经济分析》,1976 年。The Economic Approach to Human Behavior. Chicago: University of Chicago Press.

贝克尔和斯蒂格勒(Beeker, Gary and Stigler, George):"Do Gustibus Non Est Disputandum."American Economic Review (1977 年,March).

伯杰和勒克曼(Berger, Peter L. and Luckman, Thomas):《现实的社会结构》,1966 年。The Social Construction of Reality. Garden City: Doubleday and Co.

伯纳迪(Bernardi, Aurelio):"罗马帝国衰落时期的经济问题"。"The Economic problem of the Roman Empire at the Time of its Decline" in C. Cipolla The Economic Decline of Empires.

宾福德(Binford, Lewis R.):"后更新世的种种适应性变化",1968 年。"Post-Pleistocene Adaptations" in Sally R. and Lewis R. Binford (eds.) New perspective in Archaeology. Chicago: Aldine Press.

布洛什(Bloch, Marc):"Comment et Pourquoi Finit L'Esclavage Antique?" 1947 年。Annales ESC 2.

博塞鲁普(Boserup, Ester):《农业增长的条件:人口压力下土地变动的经济收益》,1965 年。The condition of Agricultural Growth: The Economies of Agrarian Change Under Population Pressure. Chicago: Aldine Press.

博塞鲁普(即将发表的):《人口和技术变革:关于长期趋势的研究》。Population and Technological Change: A Study of Long Term Trends. Chicago: University of Chicago Press.

布雷德伍德(Braidwood, Robert J.):《史前人类》,1963 年。Prehistoric Man. Chicago: University Press.

布雷顿(Breton, Albert):《代议制政府的经济理论》,1974 年。The Economic Theory of Representative Government. Chicago: Aldine Publishing Co.

布伦特(Brunt, P. A.):"罗马的暴民",1966 年。"The Roman Mob."Past and Present (December).

布坎南和塔洛克(Buchanan, James and Tullock, Gordon):《意见一致的计

算》，1962 年。The Calculus of Consent. Ann Arbor: University of Michigan Press.

布坎南（Buchanan，James）："按利益集团的观点评论独立的司法制度"，1975 年。"Comment on the Independent Judiciary in an Interest Group Perspective. "The Journal of Law and Economics (December).

剑桥古代史。Cambridge Ancient History. 1923—1939 年，1970—1977 年. Volumes II, IV, V, VIII, IX, and X. Cambridge University Press.

剑桥中世纪史。Cambridge Medieval History 1969 年. Vol. VIII. Cambridge: The University Press.

卡尼耶洛（Carniero，Robert）："国家起源理论"，1970 年。"A Theory of the Origin of the State. "Science, Vol. 169：733—738(August).

卡瓦利—斯福札（Cavalli-Sforza，L. L.）："人类人口遗传学"，1974 年。"The Genetics of Human Population. "Scientific American Vol. 231# 3.

钱德勒（Chandler，Alfred）：《看得见的手》，1977 年。The Visible Hand. Cambridge, Mass. :The Belknap Press.

张五常（Cheung，Steven N. S.）："契约的结构和非独占资源的理论"，1970 年。"The Structure of a Contract and Theory of a Non-Exclusive Resource. "Journal of Law and Economics XIII.

张五常："价格控制理论"，1974 年。"A Theory of Price Control" Journal of Law and Economics (April).

蔡尔德（Childe，V. Gordon）：《人类造就自身》，1951 年。Man Makes Himself. London: L. A. Watts Lld.

奇波拉（Cipolla，Carlo）：《世界人口经济史》，1962 年。The Economic History of World Population. Middlesex: Penguin Books.

奇波拉：《枪炮、船舰和帝国》，1966。Guns, Sails and Empires. New York: Random House.

奇波拉：《帝国的经济衰落》，1970。The Economic Decline of Empires. London: Methuen.

克拉克（Clark，J. M.）：《管理成本经济学》，1923 年。The Economics of Overhead Costs. Chicago: University of Chicago Press.

科尔(Coale, Ansley):“人类的人口”,1974 年。“The Human Population.” Scientific American Vol. 231# 3.

科斯(Coase, Ronald):“企业的性质”,1937 年。“The Nature of the Firm.” Economica (November).

康马杰(Commager, H. S.)编:《美国历史文献》,1948 年。Documents of American History 4th Ed. New York: Appleton, Century, Crofts.

达尔曼(Dahlman, Carl):《敞田制及其他:关于一项经济制度的产权研究》,1980 年。The Open Field System and Beyond: A Property Rights Study of an Economic Institution. Cambridge: The University Press.

戴维(David, Paul):《技术选择,创新和经济增长》,1975 年。Technical Choice, Innovation and Economic Growth. Cambridge: Cambridge University Press.

戴维斯(Davis, Kingsley):“人类人口的迁移”,1974 年。“The Migration of Human Population.”Scientific American Vol. 231# 3.

戴维斯和诺思(Davis, Lance E. and North, Douglass C.):《制度变革和美国经济增长》,1971 年。Institutional Change and American Economic Growth. New York: Cambrige University Press.

迪安(Dean, Phyllis):《第一次产业革命》,1965 年。The First Industrial Revolution. Cambridge: Cambridge University Press.

登塞茨(Demsetz. H.):“关于所有权的一种理论”,1967 年。“Toward a Theory of Property Rights.”American Economic Review LVII.

登塞茨(Demsetz, Harold):“为什么管制公用事业”,1968 年。“Why Regulate Utilities”. Journal of Law and Economics.

德弗里斯(De Vries, Jan):《欧洲在危机时代的经济:1600—1750》,1976 年。The Economy of Europe in an Age of Crisis: 1600—1750. Cambridge: University Press.

迪金森(Dickinson, G. Lowes):《希腊人的人生观》,1958 年。The Greek View of Life. Ann Arbor: University of Michigan Press.

唐斯(Downs, Anthony):《民主政治的经济理论》,1957 年。An Economic Theory of Democracy. New York: Harper and Row.

达比(Duby，Georges)：《欧洲经济的早期增长》，1974 年。The Early Growth of the European Economy. Ithaca：Cornell University Press.

杜蒙德(Dumond，Don E.)："人类人口的限制：自然史"，1975 年。"The Limitation of Human Population：A Natural History."Science (February).

埃伦伯格(Ehrenberg，V.)：《希腊国家》，1969 年。The Greek State. London：Methuen.

埃克隆和托利森(Eklund，Robert and Tollison，Robert)："法国重商主义的寻租理论"，1980 年 a。"A Rent Seeking Theory of French Mercantilism." Unpublished ms.

埃克隆和托利森："重商主义英国的经济调整：重游的诘问者"，1980 年 b。"Economic Regulation in Mercantile England：Hecksler Revisited."Economic Enquiry.

埃利奥特(Elliot，J. H.)：对特雷弗·阿斯顿编《欧洲危机》的评论，1967 年。Comment in Trevor Aston，ed. Crisis in Europe.

恩格斯(Engels，F.)：《英国工人阶级的状况》。The Condition of the Working Class in England.

芬诺阿尔蒂(Fenoaltea，Stefano)："一个理论模型的兴衰：庄园制"，1975 年 a。"The Rise and Fall of a Theoretical Model：The Manorial System." Journal of Economic History.

芬诺阿尔蒂："中世纪英国和以后的权力、效率和农业组织"，1975 年 b。"Authority，Efficiency，and Agricultural Organizations in Medieval England and Beyond."Journal of Economic History (December).

芬利(Finley，Moses)：《古代经济》，1971 年。The Ancient Economy. Berkeley：University of California Press.

弗兰纳里(Flannery，Kent)："考古系统理论和早期中美洲人"，1968 年。"Archaeological Systems Theory and Early Mesoamerica"见梅格斯(Meggers，B. J.)编《美国的人类考古学》。(Anthropological Archaeology in the American.) Anthropological Society of Washington.

弗兰纳里："伊朗和近东早期家庭驯养的起源和生物学意义"。"The Origins and biological Effects of Early Domestication in Iran and the Near East"，

1969 年。见维科和丁布利(P. S. Veko and G. W. Dimbley)编:《The Domestication of Plants and Animals》。Chicago: Aldine Press.

弗洛伊德(Floyd, John):"优惠、制度和经济增长理论",1969 年。"Preferences, Institutions and the Theory of Economic Growth" Discussion paper. University of Washington.

福克斯(Forkes, R. J.):《古代工艺的研究》(第三卷),1955 年。Studies in Ancient Technology (Vol. III). Leiden: E. J. Brill.

福里斯特(Forrest, W. G.):《希腊民主政治的出现》,1966 年。The Emergence of Greek Democracy. London: Weiderfeld and Nicolson.

弗里德曼(Friedman, David):"国家规模和形式的理论",1977 年。"The Theory of the Size and Shape of Nations" Journal of Political Economy (February).

格尔茨(Geertz, Clifford):"作为一种文化制度的意识形态",见格尔茨的《关于文化的解释》,1973 年。"Ideology as a Cultural System" in C. Geertz: The Interpretation of Cultures. New York: Basic Books.

乔治斯库—罗吉(Georgescu-Roegen, N.):"农民公社的制度方面:一种分析的角度",1969 年。"The Institutional Aspects of Peasant Communities: An Analytical View"见 C. R. Wharton Jr. 编 Subsistence Agriculture and Economic Development. Chicago: Aldine Press.

吉本(Gibbon, Edward):《罗马帝国的衰落》,1946 年。The Decline and Fall of the Roman Empire, edited by J. B. Bury. New York: The Heritage Press, 3 Vols.

戈德堡(Goldberg, Victor):"调整和管理合同",1976 年。"Regulation and Administered Contracts" The Bell Journal (Antumn).

戈登(Gordon, Howard Scott):"共享资源的经济理论:捕鱼权",1954 年。"The Economic Theory of a Common Pool Resource: The Fishery."Journal of Political Economy LXII.

冈德森(Gunderson, Gerald):"经济变革和罗马帝国的崩溃",1976 年。"Economic Change and the Demise of the Roman Empire" Explorations in Economic History, Vol. 13.

冈德森:"古代社会的经济行为"。"Economic Behavior in the Ancient World. "Unpublished ms.

霍尔(Hall, Chris):"掠夺性的国家:分散条状地农业的理论",1980 年。"The Predatory State: A Theory of Scattered Strips Agriculture" Unpublished ms. The University of Washington.

汉密尔顿、杰伊和麦迪森(Hamilton, Alexander; Jay, John, and Madison, James.):《联邦制拥护者对美国宪法的评论》,1937 年。The Federalist A Commentary of the Constitution of the United States. New York: The Modern Library.

哈伦和札哈里(Harlan, Jack R. and Zahary, Daniel):"野麦和大麦的分布",1966 年。"Distribution of Wild Wheat and Barley. "Science CLIII.

哈特韦尔(Hartwell, R. M.):《产业革命和经济增长》,1971 年。The Industrial Revolution and Economic Growth. London: Methuen.

哈耶克(Hayek, F. A.):"经济学和知识",1937 年。"Economics and Knowledge. "Economica (February).

哈耶克:"知识在社会中的应用",1945 年。"The use of Knowledge in Society. "American Economic Review (September).

赫克谢尔(Hecksher, Eli):《商业活动的收益》,1955 年。Mercantilism rev.

希克斯(Hicks, John D.):《民粹派的起义》,1961 年。The Populist Revolt. Lincoln: University of Nebraska Press.

希克斯(Hicks, J. R.):《经济史理论》,1969 年。A Theory of Economic History. Oxford University Press.

赫希曼(Hirschman, A.):《退出权、投票权和忠诚》,1970 年。Exit, Voice and Loyalty. Cambridge: Harvard University Press.

美国历史统计资料。Historical statistics of the United States 1975. Washington, D. C. : U. S. Government Printing office.

霍布斯鲍恩(Hobsbawn, Eric):"17 世纪的危机",1967 年。"The Crisis of the Seventeenth Century",见特雷弗·阿斯顿编《欧洲的危机》(*Crisis in Europe*). New York: Doubleday and Co.

霍奇斯(Hodges, Henry):《古代世界的工艺》,1970 年。Technology in the

Ancient World. Middlesex: Penguin Press.

霍维茨(Horwitz, M. J.):《1780—1860 美国法律的变化》,1977 年。The Transformation of American Law 1780—1860, Cambridge: Harvard University Press.

休斯(Hughes, J. R. T.):《政府的习性》,1977 年。The Governmental Habit. New York: Basic Books.

赫斯特(Hurst, Willard):《19 世纪法律和自由的条件》,1956 年。Law and the Condition of Freedom in the Nineteenth Century. Madison: University of Wisconsin Press.

艾萨克(Isaac, Erich):《驯化的地理分布》,1970 年。Geography of Domestication. Englewood Cliffs: Prentice Hall.

社会科学的国际百科全书,1968 年。International Encyclopedia of the Social Sciences. New York: Macmillan.

詹森和梅克林(Jensen, M. and Meckling, W.):"厂商理论:管理行为,代理费用和所有权结构",1976 年。"Theory of the Firm: Mangerial Behavior, Agency Costs and Ownership Structure" Journal of Financial Economics (October).

琼斯(Jones, A. H. M.):《古代社会的衰落》,1966 年。The Decline of the Ancient World. London: Longman Green.

卡亨(Kahan, Arcadius):"关于西欧和东欧农奴制的注释",1973 年。"Notes on Serfdom in Western and Eastern Europe" Journal of Economic History (March).

考和鲁宾(Kau, James B. and Rubin, Paul):"自利、意识形态和互助",1979 年。"Self Interest, Ideology, and Log Rolling" The Journal of Law and Economics (October).

凯勒(Keller, Morton):《政府的事务》,1977 年。The Affairs of State. Cambridge: The Belknap Press.

克莱因、克劳福德和阿尔切安(Klein, B. , Crawford, R. C., and Alchian, A.):"纵向合并、可挪用的租金和竞争性的缔结契约过程",1978 年。"Vertical Intergration, Appropriable Rents, and the Competitive Contracting Process" Journal of Law and Economics (October).

科尔科(Kolko, Gabriel):《保守主义的胜利》,1963 年。The Triumph of Conservatism. Glencoe: The Free Press.

库恩(Kuhn, T. S.):《科学革命的构成》,1962 年。The Structure of Scientific Revolutions. Chicago: University of Chicago Press.

库拉(Kula, Witold):《封建制的经济理论》,1976 年。An Economic Theory of the Feudal System. London: New Left Books.

拉杜里(Ladurie, Emmanuel LeRoi):《历史学家的领域》,1979 年。The Territory of the Historian. Chicago: University of Chicago Press.

兰德斯和波斯纳(Landes, William and Posner, Richard):"从利益集团的角度看独立的司法制度",1975 年。"The Independent Judiciary in an Interest Group Perspective" The Journal of Law and Economics (December).

拉塔尼、西利阿姆斯和哈金德斯(Latane, Bibb; Silliams, Kipling, and Harkinds stephen):"社会游荡",1979 年。"Social Loafing". Psychology Today (October).

李(Lee, Ronald):"适用于英国的前产业动力学模型",1978 年。"Model of Preindustrial Dynamics With Applications to England" Tilly, ed.

马克卢普(Machlup, Fritz):《专利制度的经济学考察》,1958 年。An Economic Review of the Patent System. Washington D. C.: U. S. Government Printing Office.

马格林(Marglin, Stephen):"工头们做什么?"1974 年。"What Do Bosses Do?" Review of Radical Political Economy (Summer).

马丁和赖特(Martin, Paul and Wright, N. E.)编:《更新世的消逝》,1967 年。Pleistocene Extinctions. New Haven: Yale University Press.

马赛厄斯(Mathias, Peter):《第一个工业国》,1969 年。The First Industrial Nation. New York: Charles Scribner and Sons.

麦卡沃伊(McAvoy, P. W.):《调节的经济后果,Cortels 铁路干线和 1900 年的州际商务委员会》,1965 年。The Economic Effects of Regulation, The Trunk Line Railroad Cortels and the Interstate Commerce Commission Before 1900. Cambridge: M. I. T. Press.

麦克洛斯基(McCloskey, Don):“作为应付风险的一种行为的英国敞田”,1976 年。“English Open Fields as a Behavior Towards Risk” in P. Uselding, ed. Research in Economic History Vol. I.

麦克马纳斯(McManus, John):“关于北美毛皮贸易中印第安人行为的一种经济分析”,1972 年。“An Economic Analysis of Indian Behavior in the North American Fur Trade” Journal of Economic History XXXII.

麦克马纳斯:“可供选择的经济组织的费用”,1975 年。“The Costs of Alternative Economic Organization” Canadian Journal of Economics (August).

麦克尼尔(McNeill, William):《瘟疫和人类》,1976 年。Plagues and People. New York: Doubleday.

米德(Meed, Ronald)编:《马克思和恩格斯论马尔萨斯》,1953 年。Marx and Engles on Malthus. London: Laurence and Wishart.

米勒(Miller, George H.):《铁路和保护农民利益法令》,1971 年。Railroads and the Granger Laws. Madison: University of Wisconsin Press.

米尔沃德(Millward, Robert):“工资劳动在近代初期欧洲的出现:一个分析框架的探讨”,即将发表。“The Emergence of Wage Labour in Early Modern Europe: Exploration of an Analytical Framework.” Explorations in Economic History.

马森(Musson, A. E.)编:《18 世纪的科学、技术和经济增长》,1972 年。Science, Technology and Economic Growth in the 18th Century. London: Macmillan and Co.

全国经济研究局:《经济增长》,1972 年。Economic Growth. New York: Columbia University Press.

内夫(Nef, John U.):《1540—1640 法国和英国的工业和政府》,1957 年。Industry and Government in France and England 1540—1640. Cornell University Press.

纳尔逊、佩克和科拉奇克(Nelson, R.; Peck, M. and Kolachek, E.):《技术、经济增长和公共政策》,1967 年。Technology, Economic Growth and Public Policy. Washington, D. C.: The Brookings Institution.

尼斯卡宁(Niskanen, W.):《官僚制度和代议制政府》,1971 年。Bureaucracy

and Representative Government, Chicago: Aldine Publishing Co.

诺思(North, Douglass C.):“1905—1906 年阿姆斯特朗调查时期人寿保险公司的企业政策和内部组织”,1953 年。“Entrepreneurial Policy and Internal Organization in the Large Life Insurance Companies at the Time of the Armstrong Investigation of 1905—1906.”Explorations in Entrepreneurial History (Spring).

诺思:“海运业生产率变化的原因”,1968 年。“Sources of Productivity Change in Ocean Shipping” Journal of Political Economy.

诺思:“非市场的经济组织形式:卡尔·波拉尼的挑战”,1977 年。“Non-Market Forms of Economic Organization: The challenge of Karl Polanyi” Journal of European Economic History (Fall)

诺思:“结构与绩效:经济史的任务”,1928 年。“Structure and Perfor mance: The Task of Economic History” Journal of Economic Literature (September).

诺思和托马斯(North, Douglass C. and Thomas, Robert):“庄园制的兴衰:一个理论模式”,1971 年。“The Rise and Fall of the Manorial System: A Theoretical Model.”Journal of Economic History (December).

诺思和托马斯:《西方世界的兴起:新经济史》,1973 年。The Rise of the Western World: A New Economic History. Cambridge: The University Press.

诺思和托马斯:“第一次经济革命”,1977 年。“The First Economic Revolution” Economic History Review (May).

奥尔森(Olson, Mancur):《集体行动的逻辑》,1965 年。The Logic of Collective Action. Cambridge: Harvard University Press.

帕森(Parsons, Talcott):《社会行动的结构》,1937 年。The Structure of Social Action. New York: McGraw-Hill.

佩罗特(Perrot, Jean):1960 年,“Le Gisement de Iallaha (Exam), Israel.” L'Anthropologie LXX.

皮瑞列(Pirenne, H.):《穆罕默德和沙勒迈恩》,1939 年。Mohammed and Charlemagne. London: Allen and Unwin.

波拉尼(Polanyi, Karl):《大转变》,1957 年。The Great Transformation. New York: Rineholt.

波拉尼:《人类的生活》,1977 年。The Livelyhood of Man. New York: Academic Press.

波斯坦(Postan, M. M.):《中世纪的经济和社会》,1972 年。The Medieval Economy and Society. London: Weidenfeld and Nicolson.

普雷维特—奥顿(Previtt-Orton, C. W.):《剑桥中世纪简史》,1966 年。The Shorter Cambridge Medieval History 2 Vol. Cambridge: The University Press.

伦弗鲁(Renfrew, Colin):《文明的出现》,1972 年。The Emergence of Civilization. London: Methuen.

里姆林格(Rimlinger, Gaston):"保护的合法化:劳工历史的一项比较研究",1960 年。"The Legitimization of Protest: A Comparative Study in Labor History" Comparative Studies in Social and History (April).

林格罗斯(Ringrose, David):"关于战争和民族国家诞生"的评论,1973 年。Comment on "War and the Birth of the Nation State" Journal of Economic History (March).

罗埃尔(Roehl, Richard):"关于战争和民族国家诞生"的评论,1973 年。Comment on "War and the Birth of the Nation State" Journal of Economic History (March).

罗森伯格(Rosenberg, Nathan):《技术和美国的经济增长》,1972 年。Technology and American Economic Growth. New York: Harper & Row.

罗森伯格:"卡尔·马克思和科学的经济作用",1974 年。"Karl Marx and the Economic Role of Science". Journal of Political Economy (July/August).

罗森伯格:《技术展望》,1976 年。Perspectives on Technology. Cambridge: Cambridge University Press.

罗斯托夫采夫(Rostovtzeff, M.):《罗马帝国社会经济史》,1926 年。The Social and Economic History of the Roman Empire. Oxford.

罗斯托夫采夫:《希腊化世界社会经济史》,1941 年。The Social and Economic History of the Hellenistic World Vol. 1. Oxford: Clarendon Press.

罗思(Roth, Cecil):《犹太人的历史》,1954 年。History of the Jews. New York: Schockin Press.

萨缪尔森(Samuelson, Paul):"政治经济的规范古典模型",1978 年。"The Canonical Classical Model of Political Economy" Journal of Economic Literature (December).

沙伊贝尔(Scheiber, Harry):"通向芒恩之路:州法院的征用权和公共目的概念",1972 年。"The Road to Munn: Eminent Domain and the Concept of Public Purpose in the State Courts", in Flemming and Baily, eds. Law in American History.

施莫克勒尔(Schmoockler, Jacob):"发明家的过去和现在",1957 年。"Inventors Past and Present" Review of Economic and Statistics (August).

舒姆彼得(Schumpeter, Joseph):"科学和意识形态",1949 年。"Science and Ideology. "American Economic Review (March).

施瓦茨曼(Schwarzman, Maurice):"西班牙经济衰落的背景原因",1951 年。"Background Factors in Spanish Economic Decline" Explorations in Entrepreneurial History (April).

史密斯(Smith, Vernon):"原始狩猎文化经济学,更新世的消逝和农业的出现",1975 年。"The Economics of the Primitive Hunter Culture, Pleistocene Extinctions, and the Rise of Agriculture" Journal of Political Economy (August).

斯塔尔(Starr, Chester):《早期希腊的经济和社会增长》,1977 年。The Economic and Social Growth of Early Greece. Oxford: University Press.

斯蒂格勒(Stigler, George):"信息经济学",1961 年。"The Economic of Information" Journal of Political Economy (June).

斯特鲁埃弗(Struever, Stuart)编:《史前的农业》,1971 年。Prehistoric Agriculture. Garden City: Natural History Press.

蒂利(Tilly, Charles):《从动员到革命》,1969 年。From Mobilization to Revolution. Reading: Addison and Wesley.

蒂利编:《改变人口出生率的历史研究》,1978 年。Historical Studies of Changing Fertility. Princeton: Princeton University Press.

查尔斯·路易斯·蒂利和理查德·蒂利:《反叛的世纪》,1975 年。The Rebellious century. Cambridge: Harvard University Press.

特雷弗—罗珀(Trevor-Roper, H.):"17 世纪的总危机",1967 年。"The General Crisis of the Seventeenth Century," in Trevor Aston, ed. Crisis in Europe.

尤伦(Ulen, Thomas):"适于调整的市场:从 1887—1920 年的地方货币费用",1980 年。"The Market for Regulation: The I. C. C. From 1887—1920."American Economic Review (May).

昂贝克(Umbeck, John):《对产权构成的理论和经验的调查》,即将发表。A Theoretical and Empirical Investigation into the Formation of Property Rights. University of Iowa Press.

维韦斯(Vives, Vincent):《西班牙经济史》,1969 年。An Economic History of Spain. Princeton: Princeton University Press.

沃尔顿(Walton, Gary):"新经济史和航海法令",1971 年。"The New Economic History and the Navigation Acts."Economic History Review (October).

韦伯(Weber, Max):《古代文明的农民社会学》,1976 年。The Agrarian Sociology of Ancient Civilization. London: NLB. Translated by R. I. Frank.

怀特(White, Lynn):《中世纪的技术和社会变革》,1962 年。Medieval Technology and Social Change. Oxford: The University Press.

威廉森(Williamson, Oliver):《市场和等级制》,1975 年。Markets and Hierarchy. New York: Free Press.

威特福格尔(Wittfogel, Karl):《东方的专制主义:对极权的一项比较研究》,1957 年。Oriental Despotism: A Comparative Study of Total power. New Haven: Yale University Press.

扬(Young, Allyn):"报酬递增和经济进步",1928 年。"Increasing Returns and Economic Progress" Economic Journal (December).

图书在版编目(CIP)数据

经济史上的结构和变革/(美)道格拉斯·C.诺思著;厉以平译.—北京:商务印书馆,2017
(汉译世界学术名著丛书:120年纪念版:珍藏本)
ISBN 978-7-100-14206-9

Ⅰ.①经… Ⅱ.①道… ②厉… Ⅲ.①经济史—研究—世界 Ⅳ.①F119

中国版本图书馆CIP数据核字(2017)第137850号

汉译世界学术名著丛书
(120年纪念版·珍藏本)
经济史上的结构和变革
〔美〕道格拉斯·C.诺思 著
厉以平 译

商务印书馆出版
(北京王府井大街36号 邮政编码100710)
商务印书馆发行
南京爱德印刷有限公司印刷
ISBN 978-7-100-14206-9

2017年12月第1版 开本710×1000 1/16
2017年12月第1次印刷 印张16¼
定价:80.00元